꽃놀이패

꽃놀이패

양희용(일섭) 수필집

수필과비평사

■ 머리말

그릇

세상에 이렇게 아름다운 그릇은 없을 것입니다.
청자, 백자 같은 오묘한 빛깔 속에
추억의 이야기는 가슴의 색깔로 피어나고
자연의 속삭임은 상상 속의 색상으로 살아납니다.

세상에 이렇게 커다란 그릇은 없을 것입니다.
우주만물을 담고 있는 하얀 종이 위에
복잡한 현실과 더불어 살아가는 지혜가 있고
과거와 현재를 읽으면서 미래를 설계할 수 있습니다.

심오한 그릇 속에 먼저 간 가족들이 살고 있습니다.
여덟 살인 어린 동생과 마흔아홉의 형을 보았고
미워했던 아버지와 손을 잡으며 마음의 문을 열었고
그립고 그리운 어머니를 만나 눈물도 한없이 흘렸습니다.

살아 숨쉬는 마지막 순간까지 함께하고 싶습니다.
눈으로 보고 가슴으로 느낄 수 있고
머리로 판단하고 팔다리를 움직일 수 있으면
사랑스럽고 신비스러운 그릇을 끝까지 놓지 않을 것입니다.

평범하고 이름 없는 나부랭이 작가에 불과하지만
작은 이야기를 쓰면서 즐기고 만족한다면
어디에서 살든 부러울 게 무엇이 있겠습니까.
오늘은 내 영혼 같은 수필에 술을 따르고 싶습니다.

마음이 외로운 당신과 함께라면 더 좋겠습니다.

2017년 한여름 밤

양 희 용(일섭)

■ 차례

1. 하늘 우체국에 부치는 편지

2. 요리하는 중년

3. 꽃놀이패

4. 장미 한 송이

5. 길고 긴 인연

1.
하늘우체국에 부치는 편지

과일집 아들

너붓거리며 떨어지는 은행잎이 노란 카펫을 만들고 있다. 밑동 가까이에 석고상처럼 앉아 과일을 파는 할머니는 눈만 껌벅거리고 계신다. 물건을 팔기 위한 외침도, 동작도 없다. 네댓 개씩 담겨 있는 사과 대야에도 낙엽이 쌓이지만 개의치 않는다. 무슨 생각을 하고 계실까. 십중팔구 자식들 걱정일 것이다. 우리 어머니도 그런 시간을 수없이 보냈을 것이다.

중학교 1학년 때였다. 난전에서 장사를 하시던 어머니가 갑자기 과일도매시장으로 진출하셨다. 나는 기분이 매우 좋았다. 어머니가 큰 시장에서 돈을 많이 벌 수 있겠다는 기대는 하지 않았다. 단지 동네 대로변에서 가게도 없이 장사하는 어머니가 싫었고, 어머니가 식사하는 동안 가게를 지키고 있는 게 창피했다. 손님이 오면 고개를 숙이고 물건을 팔았다. 한 번은 초등학교 때 같은 반이었던 여학생이 가게 쪽으로 오는 것을 보고 후다닥 도망을 친 적도 있었다.

어머니가 새로 얻은 가게는 목이 좋아서 장사가 제법 잘되었다. 사과를 비롯한 딸기 수박 참외 토마토 등, 철따라 나는 과일을 판매했다. 그중에서도 사과는 일 년 내내 판매하는 주력 품목이었다. 밤늦게 돌아오시는 어머니는 방바닥에 돈 보따리를 풀면서 나를 불렀다. 천 원, 오천 원, 만 원짜리 지폐를 정리하기 위해서였다. 더럽고 찢어진 돈도 있었지만 모두 귀한 돈이었다. 20분 정도의 시간이 걸렸다. 계산이 끝나면 "단골도 생기고 도매도 같이하기 때문에 너무 바쁘다. 시간 나면 좀 도와줘?"라고 하면서 용돈을 챙겨주셨다. 나는 공부한다는 핑계로 방학 때만 한두 번 가게로 가서 어머니를 도와주었다. 그때도 부끄러웠다. 행여 아는 사람이 오지 않을까 하는 마음에 사주경계를 철저하게 했다.

사과는 실컷 먹었다. 오래되어 쪼그라진 것, 흠집이 생긴 것, 벌레 먹은 것들을 질리도록 먹었다. 때깔 좋고 비싼 사과보다 그것들이 훨씬 더 맛있다는 것을 그때 알았다. 내가 고등학교

2학년이 되었을 때, 큰 집을 사서 이사를 갔다. 빈털터리였던 우리 집안도 중산층으로 다가갈 수 있는 계기가 되었다. 어머니의 탁월할 사업 수완이 만들어낸 멋진 작품이었다.

대입 예비고사를 치고 난 후에는 어머니 가게에 자주 갔다. 우리 가족, 아니 나를 위해 어머니가 고생을 많이 한다는 것을 알게 되었다. 이제는 당당하게 고개를 들고 과일을 열심히 팔았다. 호객행위를 하면서 고함도 질렀다. 맛보기와 덤도 챙겨주고 재미나게 장사를 했다. 인근 가게의 아주머니들은 나를 신기하게 바라보기도 했다.

어머니는 가끔 "장사 똥은 개도 안 먹는다."고 말씀하셨다. 처음에는 무슨 뜻인지 몰랐지만, 여러 번의 경험을 통해서 그 의미를 이해하게 되었다. 물건을 하나 팔기 위해 속이 썩어 문드러져야 하는 장사의 똥은 너무 더러워서 개도 거들떠보지 않는다는 말이다. 손님 앞에서는 최소한의 자존심도 버려야 한다. 장사는 육체노동보다 정신노동에 가깝다는 것을 깨달았다.

대학을 졸업하기 전 부산에 있는 학교에 발령을 받았다. 필요한 서류를 준비하던 중, 해 질 무렵에 가게로 내려오라는 전갈을 받았다. 시장에 들어서면서 깜짝 놀랐다. 가게 앞에는 많은 사람들이 약장수를 구경하는 것처럼 모여 시끄럽게 떠들고 있었다. 나는 잽싸게 비집고 들어갔다. '어어?' 영문을 몰라 두리번거렸다. 사람들은 들고 있던 술잔을 내려놓고 환호성과 함께 박수를 치기 시작했다. 잔치가 벌어지고 있었다. 어머니는 막내아들이 고등학교 선생으로 취직이 되었다고 온 시장사람들에게 자랑하고, 돼지수육과 막걸리를 대접하고 있었다. 나는 어머니에게 큰절을 하고 막걸리를 따라 올렸다. 사람들의 환호와 함께 어머니는 덩실덩실 춤을 추며 크게 웃으셨다. 어머니가 그렇게 신나 하고 크게 웃으시는 모습을 처음 보았다.

어머니는 아버지에 대한 원망, 누나와 형들을 고등학교도 제대로 보내지 못했다는 자책감이 있었지만 막내라도 와이셔츠 입고 떳떳한 직장에 출근하는 모습을 보고 싶은 소망을 갖고 계셨다. 40년 동안 가슴에 맺힌 한을 춤과 웃음으로 풀었다.

내가 부산에 오기 전, 작은형은 다니던 공장을 그만두었다. 어머니와 함께 과일 도매상을 하기 위해서였다. 어머니가 돌아가신 후, 형이 가업을 이어 받아 열심히 장사를 하신다. 2남 1녀 공부시키고 평범하게 잘 사신다. 제사나 명절 때 큰집에 가면 차 트렁크와 뒷좌석에 여러 가지 과일을 가득 채워주신다. 아내는 밥보다 과일을 더 좋아한다. 냉장고와 베란다에 쌓여 있는 과일을 보면 큰 행복감을 느낀다고 말한다.

나는 과일을 별로 좋아하지 않는다. '과일집 아들'이었다는 이유도 있지만, 과일을 보면 어머니가 고생하시던 모습과 그런 어머니를 창피하고 부끄럽게 여겼던 철없던 시절이 생각나기 때문이다. 내가 장사를 했다면 어머니의 힘겨운 노력을 반이라도 따라 갈 수 있었을지 의문이다.

사과나무에 사과가 달려 있는 것을 나이 50이 되어서 처음 보았다. 영남알프스에 단풍놀이를 가던 중 얼음골에 들렀다. 내 가슴은 두근거렸고, 목소리는 흥분되었다.

"야! 사과다, 사과."

그림과 사진으로만 보았던 풍경이 눈앞에서 펼쳐지고 있었다. 수백 그루의 사과나무에 탐스러운 사과가 크리스마스트리의 전구처럼 주렁주렁 달려 있었다. 사과가 축제를 하고 있었다. 연신 카메라 셔터를 눌렀다. 렌즈에 포착된 나뭇가지와 사과는 엑스레이에 나타나는 내 가슴의 모습이었다. 사과밭 깊숙이 들어가 사과를 조심스럽게 쓰다듬었다. 나의 영혼과 육체 속에 숨어있는 사과가 미소를 지었다. 그리운 어머니의 얼굴이었다.

공납금의 추억

학교 서무실에서 재직증명서를 발급받았다. 고등학생인 아들 학교에 제출하기 위해서다. 교무실 입구에 옆 반 학생들이 고개를 숙인 채 서너 명 서 있다. '수업 시간에. 왜?'라고 묻고 싶었지만 그냥 교무실로 들어왔다. 학생들의 담임선생님은 학년부장이다. 항상 공납금 납부 실적이 전교에서 1등이다. 수업은 안중에도 없다. 학생들에게 시도 때도 없이 공납금 독촉을 하거나 부모님에게 전화를 걸어 납부 날짜를 약속 받는다. 나는 한숨을 쉬며 파란 하늘이 보이는 창가에 앉았다.

대학을 졸업하면서 사립 고등학교 교사가 되었다. 오로지 학생들만을 위해서 최선을 다해야겠다고 마음을 먹었다. 그런데

학교 관리자들은 각 학년, 반별 공납금 납부 현황을 나타내는 붉은색 막대그래프의 상황판을 매일 교무실에 게시하였다. 담임평가에서 가장 중요한 항목은 공납금 납부 실적이었다. 교사의 자질이나 인성이 중요한 것이 아니었다. 하지만 나는 공납금에 크게 신경을 쓰지 않았다. '공부 열심히 하고, 바르게 성장하면 된다.'는 신념을 갖고 있었다. 차마 학생들을 교무실로 부를 수 없었다. 그것은 내가 학창시절의 작은 실수로 큰 아픔을 겪었기 때문이었다.

과일 가게를 하시던 어머니가 생계를 책임지고 있었다. 고등학교 2학년인 나는 집보다 친구 집에서 먹고 자는 일이 더 많았다. 친구 어머니들은 항상 따뜻한 밥, 김과 계란, 갈치구이 같은 맛있는 반찬으로 상을 차려 주었다. 아침에는 도시락에 용돈까지 얹어 주었기 때문에 굳이 집에 가야 할 필요성을 느끼지 못했다. 빠듯한 살림에 입을 하나 덜었다고 생각하는 가족들도 크게 개의치 않았다.

중학교 때부터 친하게 지냈던 '경호'네 집에 제일 많이 갔다. 먹는 것도 중요하지만, 경호 집 바로 앞에는 '미선'이라는 경호의 이종사촌이 살았다. 나는 예쁘고 착한 여고 1학년, 미선을 좋아했고 그녀도 나를 싫어하는 눈치는 아니었다. 얼마 후 우리 친구 여섯 명과 미선의 친구 여섯 명이 함께 만났다. 각자의 파트너가 정해졌다. 주로 탁구장이나 빵집, 분식집을 다녔다. '정숙'의 어머니는 남녀 친구들을 집으로 자주 불렀다. 맛있는 음식을 차려주면서 항상 건전하고 바르게, 열심히 공부하라는 당부를 하셨다.

10월 어느 날, 경호와 정숙은 다음 일요일에 함안에 있는 '산인못'으로 놀러가자는 제안을 했다. 그러면서 행사 진행책임자로 나를 지명했다. 나는 그날부터 원만하고 재미있는 행사를 만들기 위해 모든 신경을 집중시켰다. 카메라, 카세트, 먹을거리 준비를 적절하게 분배하여 임무를 부여했다. 아쉬운 것이 한 가지 있었다. 1970년대 초부터 나오기 시작한 휴대용 야외전축이었다. 그것이 있어야 신나는 노래를 틀면서 여학생들과 같이 노래도 부르고 멋진 춤을 출 수 있다고 생각했다. 제일 중요한 물품으로 선정했다.

어머니가 공납금을 납부하라며 2만 5천 원 정도를 주셨다. 하루를 망설이다가 결국 사고를 치고 말았다. 이만 원 정도의 가격으로 붉은색 뚜껑이 달린 새 야외전축을 구입해서 경호 집에 맡겨 두었다. 정해진 일요일이 왔다. 기차 안에서 기타를 치고 노래를 부르면서 산인못에 도착했다. 여학생들이 싸온 김밥과 과일들을 맛있게 먹었다. 경호가 들고 온 빽판을 야외전축 위에 올려놓고 신나게 춤을 추며 놀았다. 즐겁고 아름다운 추억을 만들면서 행사를 무사히 마쳤다. 행사 책임자로서 나름 보람과 함께 자긍심을 느꼈다.

행사를 마치고 아무 생각 없이 학교를 다니고 있었다. 수업시간에 학교 급사가 교실로 와서 나를 찾았다. 담임선생님에게 불려가 공납금 독촉을 받았다. 8시간 정도의 쾌락이 그렇게 심한 정신적 고통으로 다가올 줄은 꿈에도 생각을 못했다. 누구에게도 말할 수가 없었다. 사나흘을 불려 다니며 가출을 할까, 죽어버릴까 하는 못난 생각도 많이 했다. 결국 해결책은 우리 어머니밖에 없다는 결론을 내렸다.

아침 일찍 장사를 나가시는 어머니를 붙잡았다. "죄송해요. 저번에 준 공납금을 잃어버려서…." 거짓말을 한다는 부끄러움에 고개를 들 수 없었다. 어머니의 가슴에 못을 박았다. 숨막히는 고요함 속에 "하아…." 하는 어머니의 짧은 탄식이 들려왔다. 나는 지옥의 수렁으로 빠져들었다. 무슨 생각을 하고 계실까. 욕이라도 실컷 듣고 머리라도 몇 대 두들겨 맞고 싶은 심정이었다. 아무런 행동도 하지 않으시고 어떤 이유도 묻지 않았다. 체념과 함께 실망하신 어머니의 표정을 보았다. 지난 일이 너무 후회스러웠다. "알았다. 모레까지 해 줄게."라고 말씀하신 후 바쁘게 가게로 나가셨다. 그제야 나는 정상적인 학교생활을 할 수 있다는 생각에 아픈 가슴을 쓸어내릴 수 있었다. 학교 가는 내내 가슴속의 눈물을 흘리면서 어머니의 마음을 생각했다.

가을 하늘의 하얀 구름에서 어머니의 얼굴이 떠오른다. 석 달 치 공납금은 예나 지금이나 제법 큰돈이다. 우리 애들 둘은 중고등학교를 다니면서 공납금을 면제 받았다. 나는 공납금 납부에 대한 부모의 부담감을 전혀 모른다. 하지만 어머님은 아니었다. 힘들게 장사를 하시면서 10원짜리 하나 모으기 위해 온갖 노력을 다 하셨다. 그런 어머니에게 '공납금 분실'이라는 철없던 아들의 말은 청천벽력과 같은 소리였을 것이다. 자식에 대한 각별한 사랑 없이는 불가능한 일이다.

어머니는 27년 동안 그 이야기를 한 번도 하지 않으셨다. 모든 걸 가슴 깊이 덮어두고 아들이 선생이라는 자부심만 갖고 계셨을 것이다. 하해와 같은 어머니의 은혜를 갚을 길이 없다.

당시에 만났던 여자 친구들은 고등학교 졸업 전후로 모두 헤어졌다. 멋진 친구 6명은 교사, 사업가, 약사, 일반회사 중역으로 자신의 업무에 최선을 다하고 있다. 현재 10년 넘게 계모임을 하고 있으며 나는 그 모임의 회장을 7년째 맡고 있다.

미친놈

예나 지금이나 고등학생의 등교 시간은 바쁘다. 모자라는 잠 때문에 눈코 뜰 새 없다. 요즘은 자가용 봉고차 지하철이라는 새로운 교통수단이 생겨서 많이 수월해진 면도 있지만, 40년 전에는 2~30분 간격으로 오는 시내버스를 놓치면 영락없이 교문에서 손을 들고 서 있어야만 했다.

등교시간에 딱 맞출 수 있는 시간대의 버스는 만원을 넘어서 발붙일 틈도 없었다. 힘 좋은 안내양은 손님을 짐짝처럼 계속 밀어 넣었다. 기사아저씨가 고의적으로 급브레이크를 밟으면 여기저기서 난장판을 방불케 하는 비명소리가 터져 나왔다. 게다가 주인의 손아귀에서 벗어난 책가방 속의 도시락 반찬통에서 풍기는 이상야릇한 냄새는 숨을 제대로 쉴 수 없도록 만들었다. 그나마 같은 방향의 여학생들이 많이 타고 있다는 것이 큰 위안거리가 되었다.

여느 때처럼 학교로 향하는 13번 버스를 타기 위해 후다닥 가방을 챙겨서 쏜살같이 달렸다. '아아… 배가?' 며칠 전부터 따끔거리며 아파 왔던 오른쪽 아랫배의 통증은 바쁜 나의 걸음을 주춤주춤 멈추도록 만들었다. 차가운 벽을 잡고 기대어서 진정되기만을 기다렸다. 비 오듯 땀을 흘리며 풀주머니처럼 풀썩 주저앉았다. '사람이 이렇게 죽는구나.' 마침 지나가던 동네 아저씨의 부축을 받아 집으로 돌아갈 수 있었다.

장사를 나가기 위해 채비를 하던 어머니는 놀란 토끼 눈으로 달려 나오셨다. 어머니의 손을 잡고 가까운 내과 의원으로 향했다. '만성 맹장염'이라는 진찰을 받고, 수술을 잘 마쳤다. 1주일의 입원과 2주간의 휴식이 필요하고, 당분간 운동을 삼가라는 의사선생님의 당부가 있었다. 의사선생님은 쓸모없는 맹장을 가져가면서 누구보다 운동을 좋아하고 역마살이 많았던 나에게 또 다른 고통을 주었다.

퇴원을 하고, 아무 하는 일 없이 집에만 누워 있는 2주간의 시간은 지루함과 답답함의 연속이었다. 낙이라고는 수업을 마친 친구들이 병문안 오기를 기다리는 것뿐이었다. 하루도 빠짐없이 집을 찾아온 친구들은 30분 정도의 잡담을 하고, 탁구장과 당구장, 또는 독서실로 바쁘게 돌아갔다.

사흘은 참을 수가 있었지만, 나흘째부터는 도저히 참을 수가 없었다. 아직 완전히 아물지 않아 따끔거리고 있는 아랫배를 움켜잡고 탁구장으로 따라갔다. 탁구를 치지 않고 심판만 본다는 전제가 따라붙었다. 심판석에 앉아 친구들의 탁구 치는 모습을 보고, 웃고 떠들면서 잃어버렸던 즐거움을 찾을 수 있었다. 시간이 지나면서 직접 치고 싶은 욕심이 생겼다. 친구들에게 통사정을 해서 왼손으로 오른쪽 아랫배를 잡은 채 라켓을 들었다.

조심스럽게 몇 번만 친다고 생각했지만 탁구공은 일정한 방향으로만 날아오지 않았다. 손을 길게 뻗거나 발을 힘차게 내디딜 때가 많았다. 아랫배의 심한 고통을 느꼈지만 결코 내색하지 않았다. 웃는 표정을 지으며 10여 분을 계속한 후에야 라켓을 놓았다. 친구들은 내가 다 나아서 좋아진 것으로 생각하고 있었다. 다음 날부터 계속 밖으로 데리고 나가 함께 놀아주었다. 고마웠다. 하지만 나는 수술 부위가 완전히 아물지 않고 진물이 생기고 있다는 것을 알았다. 아무에게도 말하지 않았다.

그렇게 2주가 지난 후, 학교에 가서도 교련이나 체육시간에 다른 친구들과 똑같이 행동했다. 쉬는 시간에도 똑같이 장난을 치고 놀았다. 조금 불편했지만 그렇게 크게 엄살을 피우고, 외톨이처럼 앉아 있기가 매우 싫었다.

금방 한 달이 지나면서 운명의 개교기념일이 다가왔다. 개교기념일의 하이라이트는 한 반에서 20명씩 뽑아, 500명 정도가 왕복 15Km를 달리는 단체 마라톤 시합이었다. 경찰 사이드카 서너 대, 구급차 등이 동원될 정도로 큰 행사였다. 담임선생님도 우리 반의 단합된 힘을 보여줘야 한다면서 정예요원 20명을 차출했다. 아직 완치되지 않은 상처를 만지면서 망설였다. 다 나은 것으로 알고 있던 친구들의 등쌀은 나에게 '좋다. 한 번 해 보자.'는 강한 용기를 불러 일으켰다. 담임선생님은 별도로 나의 상태를 물었지만, "예! 자신 있습니다." 라고 대답했다.

개인별 등수를 합산하여 반별 순위를 정하는 시합이었기에, 출발선에서 10등 이내에 들어온다는 목표를 세웠다. 체육복 바지와 러닝만 입은 채 뜨거운 땡볕이 내리쬐는 도로 위를 힘차게 뛰었다. 10여 분이 지나서 내가 15등 정도에 있다는 것을 짐작했다. 5명만 더 제치면 된다는 생각으로 무조건 달렸다. 반환점을 돌자 행사진행요원은 '9'라는 숫자를 내 팔목에 적어 주었다. '좋다! 잘하고 있다.' 뜨거운 아스팔트를 빠르게 뒤로 밀어냈다.

가끔씩 불어오는 바람은 땀으로 범벅이 된 러닝을 펄럭거리게 만들면서 시원함을 느끼게 만들어주었다. 그런데 오른쪽 러닝 부분이 수술자국 주변에 한참 붙어 있다가 떨어지는 현상이 반복되었다. 나는 왜 그런지 알 수 있었지만 차마 쳐다볼 수 없었다. '우리 반과 담임을 위해서 계속 뛰어야 한다.'라는 생각만 했다. 러닝이 아랫배에 붙어 있는 시간이 점점 길어졌다. 손으로 만져 보았다. 진물이 러닝에 말라붙어 빳빳해진 부분이 만져졌다.

저 멀리 학교 건물이 보이기 시작했다. 2명을 더 추월하여 이제 7등으로 달리고 있었다. 하지만 상처 부위에서는 피부가 찢어지는 아픔과 고통이 몰려오기 시작했다. 이상한 기분에 처음으로 아랫배를 쳐다보았다. 하얀 러닝에 빨간 피가 잉크처럼 번지면서 그 영역이 점점 넓어지고 있었다. '여기서 포기하면 얼마나 창피한 일인가? 친구들의 야유와 비난….'을 생각하며 상처부위를 부여잡고 계속 뛰었다. 피는 본격적으로 뚝뚝 떨어지기 시작했다. 학교 정문이 보였다. '이제, 1분만 더 달리면 나는 우리 반의 영웅….' 하늘이 빙빙 돌았다. 눈이 감겼다. 더 달리고 싶은 나의 의지와 상관없이 다리가 풀리면서 쓰러졌다.

수술 후, 꿰맨 부분이 다시 벌어지면서 피를 너무 많이 흘렸던 것이다. 그 후 4시간은 내 인생에서 기억할 수 없는 공간으로 남아있다.

눈을 떴다. 병원이라는 것을 직감했다. 걱정스런 표정의 큰형, 자책감에 사로잡혀 있는 친구들, 그윽한 눈길을 보내고 있는 담임선생님에게 나는 헤식은 미소를 지으며 살아 있음을 표현해주었다. 나를 바라보고 있던 담임선생님은 나의 머리를 가볍게 한 대 쥐어박으셨다. 그리고 "아이고, 미친놈아!"라는 짧은 핀잔을 남기고는 밖으로 나가셨다.

나이가 들면서 그때를 아무리 생각해 보아도, 나는 '의지의 한국인'이 아닌, '한국의 미친 학생'이었음에 틀림없다. 그 알량한 자존심이 뭐 그리 중요하다고…. 지금도 샤워를 하면서 가로 0.5Cm, 세로 4Cm 정도로 남아있는 흉터를 가끔 쳐다보면, '미 친 놈'이라는 글자가 '툭! 툭! 툭!' 튀어나올 것 같은 기분을 느낀다.

1 vs 2

1은 1등이고 하나입니다. 2는 2등이고 두 개입니다. 서로 이웃사촌이지만 그렇게 친하게 지내지는 않습니다. 1은 2를 '부자'라고 부르면서 부러워합니다. 2는 1을 '일등'이라 부르면서 부러워합니다. 서로의 부족함을 채우기 위해 1은 2를 향해, 2는 1을 향해 매일 밤낮없이 달려야 합니다. 우리 사회와 부모님들이 무조건 앞만 보고 전진하는 것을 좋아하기 때문입니다.

부모님들은 1에게 말합니다. 하나보다는 두 개가 좋다. 집이 한 채 있는 것보다 두 채가 좋고, 현금을 1억 가진 것보다 2억을 가진 것이 훨씬 좋다고. 많이 가질수록 행복하다는 것만 강조합니다. 목표를 달성하기 위한 힘든 과정과 파도처럼 밀려오는 스트레스는 말하지 않습니다.

부모님들은 2에게 말합니다. 2등보다 1등이 좋다. 우리가 사는 사회는 1등만 살아남을 수 있지 2등은 존재할 가치가 없다고 말합니다. 1등만이 원하는 것을 가질 수 있고 세상을 지배할 수 있다고 강조합니다. 1등으로 가는 길과 1등을 지키기 위한 고통과 외로움은 말하지 않습니다.

자식들은 그것을 인생의 목표로 삼고 열심히 달렸습니다. 목표를 달성하지 못한 채 나이 50을 넘기면서 그것이 인간다운 삶이 아니라는 것을 깨닫게 됩니다. 그래도 부모님에게 들었던 똑 같은 말을 자식들에게 강요하고 있습니다.

우리 사회는 존경합니다. 1을 2로 만든 사람을, 2를 1로 만든 사람을. 그들은 목표를 달성하기 위해 흘렸던 피나는 고통을 보상받을 수 있지만 따뜻한 인간미는 회복할 수 없을 것입니다. 1이 되지 않더라도, 2가 되지 않더라도 인간답게 사는 것보다 중요한 것은 없습니다. 서로의 가치관은 다르겠지만 그래도 우리는 인간입니다.

'스프링벅'이라는 아프리카 산양은 한가롭게 풀을 뜯다가 무리가 많아지면 서로 앞으로 나갑니다. 자신이 먹을 풀을 찾기 위해. 갑자기 한 마리가 앞으로 나가기 위해 달리면 뒤에 오던 양들도 덩달아 달립니다. 나머지 양들은 이유도 모르고 달립니다. 전체가 달립니다. 풀을 뜯기 위해 달린다는 생각은 잊은 채 누군가 자신들을 잡으러 온다는 공포감에 휩싸여 무조건 빠르게 달립니다. 더 이상 달릴 수 없는 절벽을 만납니다. 결국 속도를 멈출 수 없는 '스프링벅'은 절벽 아래 바다로 떨어져 대부분 죽음을 맞이합니다.

우리도 본래의 목적과 꿈을 잊은 채 무조건 달리는 것은 아닌지. 한번쯤 현재에서 멈추고 뒤돌아보는 여유를 가집시다. 우리는 스프링벅이 아닌 인간입니다. 1과 2가 앞만 보고 계속 달리면 스프링벅처럼 결과값이 '0'이 되지나 않을까 걱정입니다.

십문칠

어머니는 큰 것을 좋아하셨다. 적어도 3년 정도 입고 신을 정도의 사이즈를 사서 나에게 주셨다. 바지의 기장은 길어서 2번 접어야 했다. 티셔츠와 잠바의 소매는 항상 중지손가락 끝을 덮고도 남았다. 검정고무신도 딱 맞게 신었던 기억은 없다. 최소한 0.5㎝ 이상 큰 것을 신었다. 1, 2년이 지나 나의 신체는 크게 되었지만 그것들은 이미 너덜너덜해서 더 이상 착용할 수 없었다.

신발 사이즈를 현재는 'mm' 단위로 계산한다. 내가 초등학교를 다니던 1960~70년대에는 '문(1문文은 약 2.4cm)' 단위로 크기를 정했다. 당시 성인 남자들이 신발을 구입할 때 '십문칠(10문7)' 사이즈를 선택하면 대충 다 맞았다. 그런 이유로 '십문칠'이 '잘 맞다'는 경상도 사람들의 사투리로 발전했다. 신발이 아니더라도 크기나 길이가 맞으면 '십문칠'이라고 말했다. "이 물건이 장롱 옆에 들어가겠나?" "딱 맞네예. 십문칠입니더." 지금은 거의 사용하지 않는다. 나도 이 용어를 사용한 지 10년은 훨씬 넘은 것 같다.

초등학교 6학년으로 진급하기 전 나의 신발 사이즈는 '10문5(약 250㎜)'에서 조금 모자랐다. 노는 게 바빠서 신발 크기에 그렇게 신경을 쓰지 않았다. 달리기를 할 때 그냥 맨발로 뛰어도 아무 이상이 없었다. 5학년 춘계방학을 시작할 무렵, 신발 바닥이 닳아 구멍이 두세 군데 나 있는 고무신을 신었다. 길을 걸어가면 신발 속에 들어온 모래와 작은 자갈이 발바닥을 아프게 만들었다. 그 정도는 참고 견뎌야 했다. 힘들고 바쁘게 장사하시는 어머니에게 울고불고 떼를 쓸 형편이 아니었다.

춘계방학 마지막 날. 어머니가 노점 장사를 하고 계시는 가게에 들렀다.

"시장 갔다 옴시로 새 신발 하나 샀다. 내일부터 6학년이라고. 맞는가 신어 봐라."

입이 귀에 걸린 채 헌 신발을 벗고 생고무 냄새가 코를 찌르는 새 신발을 급하게 신었다. 신발이 헐렁했다. 밑바닥에 적힌 문수를 보니 십문칠이었다.

"어무이, 와 이리 큰 걸 샀는교?"

"크나? 신발집 사장이 우리나라 남자들은 십문칠을 신으모 다 맞다카더라. 그래서 그냥 십문칠을 사왔능기라. 니도 인자 다 컸다 아이가. 몬신겠나?"

"꼭 그렁거는 아이고…."

"신발이 크모 내일 시장 감시로 작은 걸로 바까오꾸마."

"아이다. 됐어요. 어무이 말대로 발은 금세 커진다 아인교."

내일 개학식 날, 새 신발은 신고가야겠다는 욕심에 나는 그냥 신겠다고 말했다.

"이 보이소. 별로 안 크다 아입니꺼."

나는 발뒤꿈치가 고무신의 끝부분에 닿을 수 있도록 발을 꼼지락거렸다. 그날부터 검정고무신을 슬리퍼처럼 끌고 다녔다.

3월 말, 화창한 토요일 오후. 동네 친구들과 바닷가에 갔다. 어시장과 고깃배, 얼음공장을 구경하고 바닷물이 빠져 나간 갯벌에서 놀았다. 조그만 게들이 구멍을 파고 들락거리는 것이 신기하고 재미있었다. 친구들처럼 봉지를 주워 게를 잡아 담았다. 발보다 큰 고무신이 갯벌에 빠져 활동하기 불편했다. 신발을 바닷물로 깨끗하게 씻어 방파제 위에 올려놓고 다시 게를 잡았다. '어머니가 좋아하실 거야. 반찬을 해 먹으면 맛있겠지.' 두 손바닥에 넘칠 정도의 게를 잡았다. 친구들이 집으로 가자고 재촉했다. 발을 대충 씻고 방파제로 나왔다.

신발이 없어졌다. 가슴이 철렁했다. 주변을 샅샅이 훑었지만 보이지 않았다. 한참을 멍하니 앉아 누군가 다시 들고 오기만을 기다렸다. 무정한 친구들은 하나, 둘 집으로 돌아갔다. 갯벌 위로 밀려오는 파도는 내 신발이 남긴 흔적을 서서히 지우기 시작했고, 서쪽 하늘의 붉은 노을은 스러져 가고 있었다.

뱃속에서 들려오는 '꼬르륵꼬르륵' 소리는 패잔병에게 후퇴를 종용하는 나팔소리처럼 들려왔다. 작은 것을 얻고 큰 것을 잃은 채 발길을 돌려야만 했다. 봉지를 들고 고개를 떨군 채 걸었다. 발은 아프지 않았지만 한없이 무거웠다. 어머니가 작은 신발로 바꾸어 주겠다던 그 말을 들었어야 했는데.

게를 담은 봉지를 어머니 옆에 놓고 머리를 숙였다. 어머니는 눈을 크게 뜨고 나의 꼬락서니를 살펴보시다가 발끝에서 시선이 멈추었다.

"끼새끼, 이거 못 묵고 죽은 조상이 있더나? 와? 무울기 없더나?"

어머니는 까만 봉지를 뒤집어 내가 잡아 온 게를 땅바닥에 쏟아 부었다. 나는 아무 말 없이 가게 옆 전봇대에 기댄 채 닭똥 같은 눈물만 뚝 뚝 뚝 흘렸다.

"시간나모 애미 장사하는 거 좀 도와 달라 그랬재?"

어머니는 못마땅한 표정을 지으며 성냥불을 켜서 카바이드등에 불을 붙였다. 미세한 바람에 흔들리는 불빛은 나를 더욱 서럽게 만들었다. 어머니는 한숨을 크게 내쉬며 먼지떨이를 들고 좌판 위에 죄 없는 과일만 두들겼다. 가슴이 아팠다.

갑갑하게 갇혀 있던 게들은 자유를 찾아 사방으로 돌아다녔다. 어떤 놈은 내 발에서 나는 냄새를 맡으며 발등으로 기어 올라왔다. 나도 어머니 품에 안겨 한없이 울고 싶었다. "숙제 없나? 집에 가거라." 어머니는 손님을 맞으며 용서를 해주셨다. 나는 더욱 흐느꼈다. 희미하게 보이는 어머니의 주름진 얼굴을 보면서.

사방으로 돌아다니는 게를 주섬주섬 봉지에 담아 집으로 가면서 생각했다. 백번 내가 잘못했지만 어머니가 내 마음을 눈곱만큼이라도 헤아려 주셨으면 좋겠는데….

지금 내가 신고 다니는 신발은 십문칠이다.

하늘 우체국에 부치는 편지

아버지?

아버지를 부르면서 느낌표를 찍을 수가 없습니다. 서로 아끼고 사랑하는 마음이 눈곱만큼도 없었기 때문일 것입니다. 대화도 없었습니다. 아버지의 가슴에는 가정과 자식들이 없었고, 오로지 유희와 쾌락만 존재했습니다. 게다가 어머니와 늘 다투기만 했습니다. 아버지가 자식들을 귀찮은 존재로만 생각하셨던 것처럼 형들과 저도 아버지에 대한 불만을 많이 토로했습니다. 그래도 어머니는 아버지 편이었습니다.

어릴 때는 두려움과 공포의 대상이었고, 성장하면서는 미움을 넘어서 증오심까지 생겼습니다. 아버지에 대한 추억을 찾기 위해 몇 날 며칠을 생각했습니다. 겨우 두세 가지가 떠올랐지만 좋은 추억은 아니군요.

초등학교 4학년 때로 기억납니다. 어머니는 힘들게 장사를 하고 밤늦게 집에 오셨습니다. 잠시 후, 술에 취한 아버지는 대문을 발로 차면서 집에 들어와 어머니에게 고함을 질렀습니다.

"야, 오늘 번 돈 다 내놔라." 작은형과 나는 옆방에서 숨을 죽인 채 듣고 있었습니다. 그릇이 깨지는 소리와 함께 어머니의 비명이 들려왔습니다. 형과 나는 큰방으로 달려가 어머니를 부축하고, 아버지를 말렸지만 소용이 없었습니다. 기어코 아버지는 어머니의 고의춤 속을 뒤져 돈을 빼앗아 들고 나가셨습니다. 우리는 한참을 울었습니다. 이루 말할 수 없을 만큼 아버지가 싫었습니다. 다음날 오후 늦게 집으로 돌아오신 아버지는 아무 일도 없었다는 듯이 깊은 잠에 빠져들었습니다.

고등학교 때 수학여행을 다녀왔습니다. 아버지 몰래 어머니가 비용을 챙겨주셨습니다. 어느 정도 예상은 했지만 그렇게 심하게 나무랄지는 몰랐습니다. 이유는 어려운 가정형편에 여행을 갔다는 것이었습니다. 사실은 그것이 아니었습니다. 그 돈을 아버지에게 드렸다면 며칠 동안 노름판에서 재미나게 놀고, 마음껏 술을 마실 수 있다고 생각하셨기 때문일 것입니다. 당신의 향락이 자식의 공부보다 더 중요하다고 생각하셨습니다. 그래서 친구들이 여행선물로 구입하는 '효자손'을 나는 사오지 않았습니다.

아버지는 오십 중반을 넘기면서 병원과 약국에 의존하기 시작했습니다. 아버지의 고통이 심해질수록 우리 집 재산은 반대로 점점 불어나기 시작했습니다. 가족들은 그 즐거움에 아버지를 제대로 돌보지 못했습니다. 어쩌면 빨리 돌아가시길 바라고 있었는지도 모르겠습니다. 다행히 환갑은 넘기셨습니다.

여름 장대비가 억수같이 내리던 밤, 아버지는 눈을 감았습니다. 우리는 아버지를 좋아했던 양 슬프게 울어댔습니다. 문상을 오는 손님들이 많았기 때문입니다. 어머니의 울음소리는 우리와 달랐습니다. 목메어 우는 어머니를 젊은 나는 이해할 수 없었습니다.

아버지가 떠난 지 22년 만에 어머니가 아버지 곁으로 가셨습니다. 너무 늦게 왔다고 잔소리를 많이 하셨을 것입니다. 또 10년이 가고 3년이란 시간이 지났습니다. 지난 추석에 두 분을 찾아뵈었을 때, 잉꼬처럼은 아니더라도 다정하게 잘 지내시는 것 같아 그나마 위안이 되었습니다.

아버지도 이제 어머니에게만 의존하지 마시고 자리에서 일어나 편의점 알바를 해보세요. 아니면 아파트 경비라도 하시던지. 첫 월급을 타면 어머니 좋아하시는 아귀찜 한 그릇 사드리세요. 그것이 어렵다면 시장에 가서 따뜻한 선짓국이라도 같이 드세요. 마주 앉아 막걸리 마시면서 어머니에게도 술한 잔 따라주세요. 어머니도 두세 잔 정도는 드실 줄 압니다. 그러면서 정겨운 말 한마디 해주세요.

"그동안 수고했다. 사랑한다."

그것으로 끝나면 안 됩니다. 멋대가리 없다고 욕 듣습니다. 어머니 손을 꼭 잡고 노래방에 가세요. 제가 아버지의 애창곡은 모르지만 어머니는 '이난영'의 〈목포의 눈물〉을 좋아합니다. 그 노래를 부르면서 눈물을 자주 흘리셨습니다. 삶이 서글퍼서 그런 이유도 있겠지만 아버지가 생각나서 그랬을 것입니다. 돈이 남으면 어머니에게 용돈을 드리세요. "당신 마음대로 써라."고 큰 소리 한번 치세요. 어머니는 지아비에게 용돈한번 받아 보는 게 평생소원이었습니다. 어머니가 환하게 웃으며 좋아하시는 모습이 눈에 선합니다. 어머니는 비상금으로 숨겨둔 쌈짓돈까지 쓰면서 매일 저녁 고기반찬을 대접할 것입니다. 어머니도 아버지 못지않게 기분파입니다.

열심히 일하시고 용돈이 부족하면 저에게 살짝 문자 주세요. 세상 어디든지 달려가는 인터넷으로 넉넉하게, 며느리 몰래 보내겠습니다. 어머니를 위해 쓰세요.

형들과 저는 아버지와 다른 아버지가 되기 위해 노력했습니다. 아버지는 자식들의 미래를 위해 일부러 그렇게 사셨는지도 모르겠습니다. 우리 형제들이 본받아서는 안 될 삶의 표본을 보여주기 위해서. 그렇게 생각하니 감사하고 고마운 마음까지 듭니다.

저도 이제 두 살만 더 먹으면 아버지 나이와 같습니다. 다니던 학교에서 명퇴를 하고, 두 번째 인생을 새롭게 살고 싶어 작년부터 글을 쓰기 시작했습니다. 주변 분들이 많이 도와주셔서 지난 10월에 수필가로 등단했습니다. 아버지를 너무 미워한 덕분인지도 모르겠습니다. '잘했다. 수고했다.'라는 칭찬은 기대하지 않겠습니다. 빙긋이 한번 웃어만 주세요. 그것도 어려우면 어깨라도 한번 두드려 주세요.

아버지!

어머니와 즐겁게 잘 지내고 계십시오. 그러면 10년이나 20년쯤 후에 두 분 찾아뵙고 큰절 올리겠습니다.

끈

아들이 보고 싶었다. 평상시 바쁘다는 핑계로 아들을 잊고 살았다. 업무를 마친 토요일 오후, 구내식당에서 국수를 먹던 중, 아들이 국수를 쭉쭉 빨아먹는 모습이 아른거렸다. 두 돌이 지나지 않은 아들의 얼굴이 빈 그릇을 가득 채우며 나를 부르고 있다. 테니스를 치기로 했던 동료와의 약속을 미루고 시외버스 터미널로 향했다.

평소보다 느리게 달리는 것 같은 버스를 세 번이나 갈아타고 시골 처가에 도착했다. 대문을 밀고 들어서자 목줄에 묶여 있는 강아지만 요란하게 짖어댔다. 인적 없는 처갓집을 나와 사잇골목과 논두렁길을 쏜살같이 달렸다. 저수지 위쪽 밭에서 장인, 장모님이 마늘종을 뽑고 있을 거라는 생각이 들었기 때문이다. 아들의 생글생글 웃는 표정이 바람을 타고 달려온다.

마늘밭에서 일하시는 어르신들이 점점 또렷하게 눈에 들어왔지만 아들은 보이지 않았다. 행여 이웃집에 맡겨 놓은 것은 아닐까. 조급한 마음에 숨을 멈출 수 없었다. 어르신들은 놀라면서 나를 반겨주었다. “성호는요?” “저기, 저기서 잘 놀고 있네.” 장모님은 저수지 쪽을 가리켰다. 굵은 소나무 아래에서 풀을 뜯으며 놀고 있는 아이가 보였다.

“성호야, 성호야.” 아이가 고개를 들었다. 아들이 맞다. 정둥정둥 뛰어가 아들을 보는 순간 나는 놀랐다. 성호는 강아지처럼 붉은색 노끈에 묶인 채 나를 향해 환하게 웃고 있었다. 떨리는 손으로 굴레를 풀고 성호를 덥석 안아 올려 가슴에 품었다. 성호는 “아바바, 아바.”를 소리 내며 내 심장으로 파고들었다. 아이의 등을 토닥거리며 저수지를 바라보았다. 흐르는 눈물을 주체할 수 없었다. 무슨 떼돈을 벌겠다고….

다음날 아침을 일찍 먹고 성호가 잠자는 틈을 타서 도망치듯 부산으로 돌아왔다. 집으로 오는 2시간 동안 눈을 감은 채 지나간 시간을 거슬러 올라갔다.

중학교 3학년 때, 나보다 열 살 많은 큰형이 결혼을 하고 별

채에 살았다. 형수는 막내인 나를 잘 챙겨주었다. 지금까지 어머니에게서 받지 못했던 사랑과 정을 듬뿍 받았다. 고3이 되었을 무렵 큰형님 내외가 급하게 산부인과로 갔다. 2주 정도가 지나 집으로 왔지만 조카는 없었다. 나는 아이가 없는 이유를 가족들 누구에게도 물을 수 없었다. 입대하기 전 그 궁금증을 어머니께서 풀어주었다.

큰형수는 임신 중 고통과 출혈이 심해서 병원으로 갔고, 검사 결과 '자궁외임신'이라는 판정을 받았다. 의사선생님은 "다음에 임신을 하더라도 자궁외임신이 될 확률이 높고 산모가 위험할 수도 있습니다."라고 말씀했다. 큰형님과 형수는 자궁 적출 수술을 선택하지 않을 수 없었다.

군에서 마지막 휴가를 나와 공무원을 하는 여자를 만났다. 복학 후에도 계속 만났다. 3학년 봄, 만난 지 1년 만에 결혼식을 올렸다. 어머니와 작은형수는 빨리 아들을 낳아 큰형님에게 양자로 보냈으면 좋겠다고 말씀했다. 아내도 그렇게 싫은 내색은 안 했지만 큰형수는 일체 그런 말을 하지 않았다.

대학 졸업을 두 달 앞두고 아내가 아들을 낳았다. 가족들의 격려와 축하를 받았다. 양자에 관한 이야기는 아무도 하지 않았다. 누군가 이야기를 꺼낸다 하여도 아내는 힘들게 직장생활하면서 낳은 분신을 양자로 보내기 힘들었을 것이다. 출산 경험을 했던 어머니와 작은형수도 같은 생각이었을 것이다. 나는 아들의 이름을 '성호'라 지었고, 성호는 아내의 출산휴가가 끝난 후 처가에 맡겨졌다.

집에 오자마자 아내와 싸웠다.

"애는 촌구석에 짐승처럼 처박아놓고 돈 벌어서 뭘 하겠다고. 직장 집어치워라. 차라리 그때 큰형님 집에 양자로 보냈어야 했는데…."

아내는 울면서 말했다.

"이제 와서 그런 말은 왜 합니까. 내가 직장 다니고 싶어 다닙니까?"

아내도 힘들게 다니는 직장을 그만두고 성호를 직접 키우고 싶은 생각과 친정 부모님께 죄송한 생각으로 항상 마음이 편치만은 않았다. 그 후 아들을 하나 더 낳은 것을 계기로 아내는 사표를 내고 육아에 전념하게 되었다. 그때도 아들 하나를 양자로 보내야 된다는 말은 없었다.

큰형은 고향 가까운 대전으로 이사를 하여 작은 사업을 벌였다. 성호가 아홉 살이던 '93년, '대전엑스포'를 관람하러 갔다. 큰형은 작은놈을, 형수는 큰놈의 손을 꼭 잡고 샅샅이 관람을 시켜주었다. 명절 때 어머니가 계시는 마산의 작은형 집에서 만날 때면 우리 애들 선물을 꼭 챙겨주셨다. 우리 애들도 큰형님 내외분을 무척 좋아했다. 두 분의 금슬은 변함없었지만 자식이 없다는 현실이 가족들을 안타깝게 만들었다. 그래도 양자 이야기는 없었다.

평온한 들판에 폭풍우가 몰아쳤다. 쉰이 안 된 큰형에게 '당뇨합병증'이라는 날벼락이 떨어졌다. 2년 넘게 온갖 고생을 하다가 저세상으로 가셨다. 마산의 친정 가까이 이사를 온 큰형수는 웃음을 잃어버렸지만 어머니와 시가형제들을 자주 만나면서 가족 간의 우애를 돈독히 하였다.

15년 전, 큰형 가신 지 6년이 지나 어머니가 눈을 감았다. 큰형수는 하염없이 울었다. 그 후 5년 정도 집안 대소사에 빠짐없이 참석할 때면 각별히 성호의 머리를 자주 쓰다듬어 주면서 격려를 많이 해주셨다.

큰형수는 남편과 시어른이 없지만 재혼은 하지 않았다. 세월이 지나면서 큰형수는 어머니 기일에도 참석하지 않는다. 큰형수가 남처럼 되어버렸다. 성호를 양자로 보냈다면 성호와 큰형수는 어떻게 되었을까.

자식이라는 끈이 있어야 가족의 매듭을 엮을 수 있다. 마음이 있어도 끈이 없으면 묶을 수 없다.

딸 하나만

아내의 심한 진통 소리에 잠이 깼다. 주섬주섬 옷가지를 챙겨서 병원으로 향했다. 아내는 간단한 진찰을 받고 바로 분만실로 실려 갔다. 간호사는 출산 예정시간이 오후 서너 시쯤이라고 했다. 밥을 먹으면서, 커피를 마시면서, 대기실에 기다리면서 분명히 딸일 거라고 생각했다. 유치원 다니는 딸의 손을 잡고 저 푸른 들판을 달려가는 모습, 교복을 입고 예쁘게 웃는 모습, 내가 병들어 누워 있을 때 나를 챙겨주는 모습을 상상했다. 나도 모르게 입가에 미소가 흐르며 행복감을 느꼈다.

고3 여름방학 직전. 교지편집부에 있는 친구들이 각 반마다 설문지를 돌렸다. 그 조사에는 현주소, 장래희망, 이상형, 30

년 후의 나의 모습, 등의 항목이 포함되어 있었다. 나는 '30년 후의 나의 모습'이란 항목에 '여우 같은 마누라와 토끼 같은 딸 하나를 둔 여고 교사'라고 적었다. 우리 집안은 딸이 귀하다. 게다가 나는 막내여서 아들을 낳아 대를 이을 의무도 없다. 학창시절, 친구들 집에 놀러 가면 대부분 여동생이 한 명 이상 있었다. 이상한 현상이었다. 그 여동생들은 나를 '오빠'라고 불렀다. 기분이 너무 좋았다. 푸대접을 받는 막내아들의 현실 속에서 친구 여동생들의 상냥함과 부드러움을 느끼면서 딸 하나만 낳겠다고 마음을 먹었다.

군을 제대하고 대학 2학년에 복학했다. 공무원을 하고 있던 지금의 아내를 만났다. 1년이 지나고 꽃피는 4월, 결혼식을 올렸다. 더 많은 책임감을 느끼며 이를 악물고 공부에 전념했다. 아마 고등학교 때 그렇게 했다면 서울의 일류대학에 장학생으로 갔을 거라는 생각이 들 정도였다. 졸업을 앞둔 12월, 만삭이 된 아내는 오늘내일 기다리며 집 근처 산부인과를 들락거렸다. 어머니, 장인, 장모, 형수들은 아들을 낳을 거라 기대하고 있었지만, 나는 '제발, 딸 하나만….'을 간절히 바라고 있었다.

오후 3시경. 분만실에서 아내의 고통스러워하는 소리가 들려왔다. 여닫이문 하나 사이로 들려오는 산모의 울부짖음은 내 가슴을 찢어지게 했다. 안으로 들어갈 수도 없고… 대신 아파해줄 수도 없다. 미세한 바람에도 흔들리는 팔랑개비처럼 복도를 맴돌았다. 그러면서 생각했다. 저 고통의 소리는 예쁜 딸을 낳기 위해 울리는 전주곡일 것이라고. '딸이다. 분명 딸이다.'

아기의 울음소리가 들려왔다. 여자아이 울음소리 같으면서 사내아이 목소리가 섞인 듯 들려왔다. 조급한 마음에 문을 살짝 밀면서 분만실의 냄새를 맡아보았다. 그것으로는 분간이 되지 않았다. 나름 딸이라는 확신을 갖고 다시 서성거렸다. 간호사가 문을 확 열고 웃으면서 나왔다. '양희용 씨, 아들입니다.'라고 고함을 질렀다. 순간 나의 두 손은 주먹이 쥐어졌고, 입에서는 욕이 튀어나오려고 했다. '뭐야, 씨….' 나 혼자의 꿈이 어르신들과 친인척들의 바람을 이겨내지 못한 것이었다.

이틀 후. 아내는 퇴원을 하고 아들과 함께 집으로 왔다. 형수는 도다리와 미역을 사주면서 나에게 미역국 끓이는 방법을 설명해 주었다. 들은 대로 미역국을 큰솥에 바글바글 끓였다. 제일 큰 대접에 미역국을 가득 담아서 수고한 아내에게 챙겨주었다. 두 그릇이나 먹었다. '그때 미역국이 지금까지 당신이 해준 음식 중에서 제일 맛있었다.'고 가끔 아내는 말한다. 나는 아들에게 멋진 이름을 지어주기 위해 밤새도록 옥편을 뒤지고 있었다.

87년 3월. 다시 아내는 만삭이 되었다. 휴직을 하고, 아들과 함께 마산의 친정에 머물고 있었다. 오전 10시경, 장인어른이 교무실로 전화를 했다. "자네 집사람 병원에 갔네."라고 알려주었다. 이번에는 정말 딸일 거라는 생각을 하면서 입가에 미소를 지었다. 첫 출산의 경험에 의해서 저녁 무렵에 둘째를 낳을 거라고 판단했다. 오전 수업을 마치고 조퇴를 할 수 있었지만 그렇게 하지 않았다. 5시 퇴근시간을 넘겨 교무실에서 한참을 머뭇거렸다. 병원으로 빨리 간대도, 혹시 아들이면 나는 어떻게 할 것인가. 발걸음을 주춤거리게 만들었다.

버스를 타고 시외버스터미널에, 다시 시외버스를 타고 마산에 갔다. 택시를 타고 병원에 도착한 시간은 밤 9시경이었다. 병원 앞에서 잠시 서성거렸다. 인근 책방으로 들어갔다. 여성월간지를 고르면서 시간을 끌었다. 머릿속에는 '딸이어야 하는데.'만 생각했다. 병원 안내데스크에서 아내의 입원실을 확인하면서 딸인지 아들인지는 묻지 않았다. 천천히 계단을 올라 203호실에 노크를 했다. 장모님은 급하게 문을 열면서 나를 보고 환하게 웃으셨다. "양 서방, 또 아들이다." 딸에 대한 꿈과 환상이 와르르 무너졌다. 나는 쓰린 속을 감추고, 억지 웃음을 지으며 아내에게 수고했다고 말했다.

'유전의 법칙', 'Y-염색체 DNA'가 뭔지 확실하게는 모르겠지만 집안 내력이 중요하다는 것을 깨달았다. 아내가 둘째 임신기간 중에 예비군훈련을 받으러 갔었다. 훈련을 받던 중, 보건복지부 소속 산하제한 홍보요원의 유혹에 넘어가 정관 수술을 받았다. 둘째가 딸이든 아들이든 셋은 키울 자신이 없었다. 당시의 사회적 흐름이 둘도 많다는 분위기였다.

내 나이 마흔이었을 때, 아버님 기일에 형제들이 다 모였다. 큰형은 아니지만, 작은형 자식은 2남 1녀 중 막내가 딸, 누나 자식들도 2남 1녀 중 막내가 딸이다. 형들과 누나는 나에게 지금이라도 하나 더 낳으면 틀림없이 딸이라고 격려해주었다. 나의 총은 총알이 없는 '빈 총'이라는 것을 모르고…. 그것까지 말하기는 싫었다.

아들 둘은 착실하게 잘 자라주었고, 나도 나름 노력을 많이 했다. 3년 터울인 두 놈이 고등학교를 다니는 6년 동안, 아침마다 등교를 시켜주고 출근했다. 이제는 둘 다 어엿한 사회인으로 생활하고 있다. 가끔 막내가 꽃을 사오거나 애교를 피우려고 노력한다. 이제 그런 게 싫다. 좀 더 터프한 차도남으로 살았으면 좋겠다.

2.
요리하는 중년

통영에서 봄을 먹다

통영의 봄은 서둘러 온다. 남쪽에서 불어오는 따스한 바람은 은빛 물결을 타고 더 빨리 달려온다. 수심 깊은 바다로 이동했던 도다리가 통영을 감싸고 있는 사량도, 매물도, 한산도로 몰려오면서 봄소식을 전한다. 전령을 받은 섬들은 언 땅속에 뿌리내려 잠자고 있던 쑥을 피운다. 도다리는 남정네를 바다로 불러내고, 쑥은 아낙네를 들판으로 이끈다.

대학시절, 해저터널을 보기 위해 갔던 것이 통영과의 첫 만남이었다. 통영은 거가대교가 완성되기 전, 거제도에 가거나 한려수도의 크고 작은 섬들을 구경하기 위한 최상의 베이스캠프였다. 며칠 동안 통영에만 머물러도 볼거리와 먹거리가 풍부하여 지루하지 않다.

직장 생활을 할 때, 다른 곳보다 먼저 봄맛을 느낄 수 있어 춘계방학을 하면 어김없이 통영을 찾았다. 교직에서 명퇴한 다음 해에는 통영의 한적한 바닷가에 작은 방을 하나 얻어 몇 개월을 혼자 보낸 적도 있다. 가족이나 친구와의 여행도 좋지만 누구의 간섭도 받지 않는 혼자만의 여행이 나름 의미가 있는 시간임을 그때 알았다.

여느 도시와 마찬가지로 통영의 봄은 시장에서 피어오른다. 골목마다 웃음과 정으로 가득한 통영중앙시장은 전국에서 모여든 상춘객들의 옷차림, 봄바람을 쐬러 나와 팔딱거리는 해산물, 고무장갑을 낀 채 싱싱한 생선을 들고, "싸게 주께, 사이소."라고 외치는 시장아주머니들의 목소리가 어우러져 봄을 불러온다. 갯내음 물씬 풍기는 봄꽃 향기는 통영 사람들의 미소와 함께 전국으로 날아간다.

통영에서는 봄을 뚝배기에 담아 먹는다. 이름하여 도다리쑥국이다. 산란을 마치고 살을 찌운 도다리가 통영 앞바다로 몰려온다. 사람들은 그놈을 '봄도다리'라 부른다. 겨우내 꽝꽝 얼어붙었던 땅을 비집고 쑥이 힘차게 올라온다. 그 쑥이 해쑥이다. 봄도다리와 해쑥이 만난 것이 도다리쑥국이다. 쑥향이 생선의 비린 맛을 없애주기 때문에 국물이 아주 시원하고 담백하다. 도다리는 단백질이 풍부하여 기력을 더해주고 쑥은 혈액 순환을 촉진시킨다. 도다리쑥국 자체가 약선 음식인 것이다. 통영 사람들은 도다리쑥국을 먹으면 겨울 잠바와 두터운 장갑을 벗어 던진다고 한다.

봄의 두 번째 전령은 톳과 방풍나물이 맡는다. 도다리의 활기찬 움직임을 감지한 톳과 쑥향에 놀란 방풍나물은 하루가 다르게 쑥쑥 자란다. 톳은 말려서 대부분 일본으로 수출할 정도로 좋은 음식이다. 섬 지역에서 많이 생산되는 방풍나물은 이름 그대로 풍을 예방하고 호흡기 질환에도 좋다. 톳과 방풍나물, 그리고 육지에서 자란 나물들이 만나서 통영의 전통 비빔밥을 만들어낸다. 톡톡 씹는 재미, 독특한 향과 식감은 통영에서만 맛볼 수 있는 봄맛일 것이다. 단골 식당의 60대 아주머니는 톳을 넣고 끓인 된장찌개를 곁들여 주면서 통영의 비빔밥을 자랑한다. 나는 고개를 끄덕이며 통영의 봄을 맛으로 느껴본다.

'동피랑 벽화마을'과 '남망산 조각공원'을 둘러보고 허기진 배를 채우기 위해 시장 귀퉁이에 붙어 있는 파전집에 들렀다. 메뉴판 옆에 '진달래화전'이라고 쓰인 노란 종이가 보인다. 처음 보는 음식에 대한 호기심과 더불어 색다른 맛도 있을 것 같은 느낌이다. “사장님, 저게 뭔교?” “아이고, 통영 사람 아인가베요? 진달래 넣은 전 아인교.” 40대의 주인아주머니는 진달래처럼 붉은 입술을 내밀며 대답을 했다. 시원한 막걸리는 목을 타고 내려가 마음을 적셔주고, 진달래화전의 산뜻한 봄 향기는 코를 타고 올라와 정신을 맑게 만든다.

일반적인 진달래화전은 찹쌀가루를 반죽하여 만든 전 위에 진달래 꽃잎을 얹는다. 꽃잎의 향이나 맛보다는 모양을 예쁘게 해서 봄을 느끼도록 해준다. 통영의 진달래화전은 그것과 근본적으로 다르다. 찹쌀과 진달래를 반반씩 섞어서 버무린다. 꽃잎 자체가 전의 재료가 되므로 진달래의 향과 색깔을 고스란히 느낄 수 있다. 많은 양의 진달래꽃이 필요하지만 통영의 나지막한 미륵산은 그것을 충분히 공급하고 있다.

통영의 봄철 생선과 나물을 한꺼번에 맛볼 수 있는 곳이 있다. 통영의 음주문화를 선도하는 ‘다찌집’이다. ‘다찌’라는 말의 의미는 일본식 선술집을 뜻하는 ‘다찌노미’에서 유래되었다고 하지만 확실한 근거는 없다. 통영사람들은 술을 마실 때 안주를 조금씩 골고루 먹는 것을 좋아하고, 상인들은 그날그날 시장에 나온 음식재료에 따라 다양한 메뉴의 기본 안주를 제공한다. 다른 지역의 '통술집'이나 '실비집'과 비슷하다. 그렇게 비싼 편은 아니지만 청정지역에서 자란 해산물과 봄나물을 종합선물세트처럼 맛볼 수 있다.

통영의 대표적인 주전부리는 충무김밥과 꿀빵, 빼떼기죽이다. 서민들이 살기 어려웠던 시절, 바다와 들판, 산에서 시장기를 면하기 위해 먹었던 음식이지만 지금은 통영의 별미로 자리 잡았다. 과거의 슬픔과 고통이 쌓여 맛으로 승화되었을 것이다. 통영 사람들은 "마카 묵을 끼라서 갱치도 뒷전"이라고 말한다. 그만큼 먹을 것이 다양하여 몸과 마음을 즐겁고 행복하게 만든다.

먹거리 못지않게 볼거리도 풍부하다. 그 풍요로움 속에서 통영의 맛과 멋이 만들어지고 거리마다 따뜻한 정이 흘러넘친다. 사람들은 통영을 이태리의 나폴리에 견줄 만한 '미항美港'이라고 말하지만, 여행전문가들은 '미항味港'이라고 말하는 것을 주저하지 않는다. 맛과 멋이 굶주린 배를 채워주지는 않지만 글을 쓰는 나의 마음속에 미향美香으로 남아 있을 것이다.

통영의 밤은 조용하다. 하루 종일 외지 사람들로 북적거리던 통영중앙시장도 문을 닫았다. 산과 바다, 사람들이 모두 쉬는 시간이지만 마파람은 멈추지 않는다. 통영의 봄도 바람을 따라간다. 아쉽지만 보내야 한다. 봄도다리와 해쑥이 만나는 내년 2월을 기약하면서.

깡통 찬 개미

개미를 좋아했다. 초등학교 교과서에서 '개미와 베짱이' 이야기를 배웠다. 몸집은 작지만 열심히 일한 개미는 편안한 생활을, 놀고먹기를 좋아하는 베짱이는 노후에 고생한다는 교훈을 주는 동화에 세뇌되었다. 요즘 젊은이들의 생각은 다르다. 힘들게 일만 하는 개미보다 인생을 적당하게 즐기면서 보내는 베짱이의 처지를 더 좋아한다. 게다가 베짱이가 부른 노래 중에 한 곡만 히트하면 인생 '대박'이라고 생각한다. 나도 한때 그런 생각을 했다.

개미의 한자어는 '蟻(개미 의)'이다. '벌레 충虫' 변에 '옳을 의義'가 붙어 있다. 어떤 스님은 《개미는 자신이 왜 꽃이 아닌가, 절망하지 않는다.》라는 명상집을 펴냈다. 성경에는 "게으른 자여 개미에게 가서 그가 하는 것을 보고 지혜를 얻으라."는 구절이 나온다. 개미에게서 바르게 사는 방법과 희망, 근면함을 배워야 한다는 말이다. 개미는 많은 사람들이 본받아야 할 대상임에 틀림없다.

나도 열심히 저축하면서 개미처럼 살려고 노력했다. 그 마음은 오래가지 않았다. 저축만으로 불확실한 미래를 대비하기 어렵고 한 번뿐인 청춘을 뼈 빠지게 일만 하다 보낼 수 없다는 생각을 했다. 개미가 주는 가르침보다 한방에 인생을 역전시킬 수 있는 뭔가가 필요했다. 30대의 젊은 패기는 새로운 꿈을 꾸도록 만들었다.

결혼한 지 5년이 지난 88년 봄. 상대商大를 나왔다는 자신감 하나만 갖고 주식시장에 뛰어들었다. 주식시장의 투자주체는 기관투자가, 외국인, 개미로 구분한다. 개인투자자는 힘이 없다는 의미에서 개미라고 부른다. 3년 안에 아내가 원하는 집도 사고, 번쩍거리는 '엑셀'도 한 대 구입해서 폼을 잡고, 큰소리를 뻥뻥 치면서 살고 싶었다. 아내를 설득해서 적금을 깨고, 은행 대출을 받아 이천만 원을 투자했다.

주식관련 서적과 광고지(찌라시), 경제신문을 독파했다. 관심종목의 캔들차트와 이동평균선을 모눈종이 위에 그리면서 모의투자를 한 후 실전에 참여했다. 한일은행, 현대건설, 대우전자 종목에 분산투자를 했다. 두어 달이 지나 5% 정도의 수익이 발생했다. 내가 열심히 공부하고, 종목 선택을 잘해서 그런 것으로 판단했다. 수익금 중 50만 원을 찾아 30만 원을 아내에게 용돈으로 주면서 큰소리쳤다. 직장동료들을 횟집으로 불러 술 한 잔 사면서 주식에 투자해서 돈을 벌었다고 자랑했다. 사실은 서울올림픽이 열리던 해였기 때문에 시장 분위기가 우호적이라는 것에 편승해서 거의 모든 종목이 조금씩 상승한 것이었다.

그 후 2년이 지나도록 수익은 발생하지 않았다. 오히려 10% 정도의 마이너스가 발생했다. 종목을 몇 번 바꾸면서 수수료만 지출되었다. 모든 게 생각대로 되지 않는다는 것을 알았다. 아내는 아파트 중도금을 넣어야 한다면서 주식 처분을 독촉했다. '개미와 한방' 중 하나를 선택해야 하는 기로에 섰다. 잠을 설치며 고민했다.

'그래, 신용거래를 하자. 인생 별것 없다. 한방이다.'

신용거래는 증권회사에서 개인투자자에게 투자금액의 100%를 융자해주는 제도이다. 선택한 종목이 상승하면 수익을 2배로 올릴 수 있지만 하락시에는 비싼 이자와 함께 2배의 손실을 감수해야 한다. 신중에 신중을 기하여 부산에 본사를 둔 수산회사 종목을 선택했다. 처음에는 조금 오르는 듯했다. 한 달이 지난 후, 주가는 갑자기 급락했고 회사에서는 부도를 선언했다. 순식간에 주가는 반토막이 났다. 증권회사는 내 소유의 주식을 강제로 처분했다. 계좌잔고가 '0'이 되었다. 뉴스에서 들었던 '깡통계좌'가 된 것이다. 주식시장의 이면에는 무섭고 차가운 냉혈동물이 숨어 있었다.

며칠이 지난 후 아내에게 사실을 말했다. 다음 날 퇴근을 하고 집에 오니 아내는 아이들과 함께 친정으로 가고 없었다. 그제야 '주식투자에 실패해서 자살했다.'는 뉴스를 이해할 수 있었다. 다행히 형의 도움과 사학연금을 대출받아 아파트 중도금은 계속 넣을 수 있었다. 아내에게는 절대로, 아니 죽어도 주식을 쳐다보지 않겠노라고 맹세했다. 깡통 찬 개미는 다시 개미처럼 살겠다고 다짐했다. '개미와 베짱이'의 우화가 거짓말이 아니라는 것도 깨달았다.

개미들이 전쟁터나 다름없는 주식시장에서 승리의 깃발을 휘날릴 확률은 거의 희박하다. 기관투자가와 외국인에 비해 정보력과 자금력이 턱없이 부족하기 때문이다. 꼭 투자를 하려면 여유자금과 함께 각고의 노력이 필요하다. IMF나 리먼 사태와 같은 큰 사건이 발생하여 지수가 50% 이상 떨어졌을 때, 여유자금으로 투자를 한다면 충분한 수익을 올릴 수도 있다.

91년부터 직장 동료들과 계모임을 하면서 500만 원 정도의 목돈을 모아두었다. 1997년 말 IMF가 발생했고, 종합주가지수는 60%나 급락했다. 계군들은 나에게 곗돈으로 주식에 투자할 수 있는 기회를 주었다. 주가가 가장 많이 내린 증권주에 올인했다. 한 달이 지나면서 증권주는 폭등하기 시작했고, 3개월 만에 1,800만 원의 현금을 회수했다. 비록 내 개인 자금이 아니지만 분풀이를 했다는 생각에 십 년 묵은 체증이 확 내려갔다. 그 돈으로 7명의 계군들은 가족을 동반해서 국내의 유명관광지와 중국을 여행하였다. '이게 내 돈이었으면 아내에게….'하는 생각도 들었다.

대박이나 한방을 기대하는 것은 젊음의 특권인지도 모르겠다. 30년 가까운 시간이 흐른 지금 새로운 도전을 한다는 것은 세월의 흐름을 역행하는 것이다. 나약해진 몸과 마음을 잘 추슬러 개미의 겨울처럼 조용하게 지내고 싶은 마음이다.

요즘 인터넷을 하면서 주식 관련 사이트에 자주 들락거린다.

관심 종목도 보인다. 왜 그런 게 보이는지 모르겠다. 깡통을 한 번 더 차야 정신을 차리려나.

아귀

몸은 앙상하지만 배만 엄청나게 큰 귀신이 있다. 불가에서 그를 '아귀餓鬼'라 부른다. 성질이 사납고 지독히 탐욕스러운 사람을 비유적으로 이르는 말이기도 하다. 바다에도 몰골이 흉하고 커다란 배를 가진 '아귀'가 살고 있다. 귀신의 이름에서 유래는 되었지만 '餓鬼'라는 한자를 사용하지는 않는다. 사람들이 먹는 음식이기 때문일 것이다. 나는 아귀찜을 좋아한다. 맛도 맛이지만 어머니와 나의 신혼시절에 대한 추억이 곁들여진 음식이기도 하다.

아내는 공무원이고, 나는 27세의 대학 3학년이었다. 300만 원짜리 부엌 딸린 단칸방에서 전세로 살았다. 아내가 새벽에 만들어 놓은 국이나 찌개로, 가끔은 인근에 살고 있는 작은형수가 공급해주는 반찬으로 아침저녁을 해결했다. 친구를 만나서 술을 마실 때도 있었지만 아내의 퇴근시간이 다가오면 저녁 반찬에 신경을 쓰지 않을 수 없었다. 설거지는 잘 할 수 있었지만 요리는 완전 문외한이었다. '그래, 오동동 아귀찜을 사와서 먹자.'라는 생각을 하며 주먹을 불끈 쥐었다.

크고 새카만 비닐봉지에 한 뼘이 조금 넘는 노란 양은냄비를 넣고 오동동으로 향했다. 20분 정도 가면 아귀찜을 파는 예닐곱 개의 식당에 나타난다. 어느 곳이 진짜 원조인지, 좀 더 맛있는 집인지도 몰랐고, 봉지를 들고 이곳저곳 기웃거리기는 게 부끄러웠다. 망설이지 않고 첫 집으로 들어갔다.

"아귀찜 삼천 원어치만…."

"가져가시게요?"

"예."

나는 대답을 하면서 양은냄비를 테이블 위에 올려놓았다. 아주머니가 빙긋이 웃으면서 냄비를 들고 주방으로 들어갔다. 밖으로 나와 담배를 한 대 피웠다. 잠시 기다린 후, 들고 간 냄비에 야무지게 포장되어 있는 아귀찜을 받았다. 다른 곳에서도 느꼈지만 남자들이 반찬을 사러 가면 아주머니들은 이상하게 양을 많이 준다. 애처롭게 보여서 그럴 것이다.

집으로 올라오면서 오늘 저녁과 내일 아침은 해결되었다는 안도감, 비록 돈을 주고 구입했지만 남자도 반찬을 준비할 수 있다는 자신감, 아내가 웃으면서 맛있게 아귀찜을 먹을 것이라는 행복감에 젖어, 전리품을 획득한 개선장군처럼 냄비를 들고 왔었다.

대학을 졸업하기 직전에 부산에 있는 학교에 발령을 받았다. 어머니는 대견하고 자랑스럽게 생각하셨다. 졸업식장에서 까만 가운과 학사모를 걸치고 사진을 찍은 어머니는 모든 가족을 오동동 아귀찜 식당으로 불러 모았다. 세 개의 테이블 위에 아귀찜, 아귀탕, 아귀수육이 가득 채워졌다. 큰형, 작은형, 형수들, 누나, 매형, 조카들, 아내와 나는 아귀를 맛있게 먹었다. 어머니는 가족의 모습을 보면서 흐뭇한 미소를 지었다. 나는 어머니의 그 모습을 보면서 이게 살아가는 맛이고 우리가 그렇게 찾아 헤매던 행복이구나라는 생각을 했다.

학교에 근무하던 첫 해 인근 아귀찜 집에서 부서별 회식이 개최되었다. 생아귀로 만든 찜을 처음 보았다. 마산에서처럼 바짝 말린 아귀가 아니라 우뭇가사리처럼 흐물흐물 흘러내리는 듯한 부산 아귀에 선뜻 손이 가지 않았다. 아귀찜에 들어 있는 야채와 다른 밑반찬으로 밥을 먹고 나왔다. 하지만 아귀찜을 좋아하는 동료들이 많아 생아귀를 자주 만나야만 했다. 조금씩 적응이 되었다. 올해로 부산에 온 지 32년째다. 이제는 둘째가라면 서러울 정도로 부산의 생아귀찜을 좋아하게 되었다.

아귀는 조기나 고등어처럼 살이 통통한 것도 아니고, 갈치나 장어처럼 몸매가 쭉 빠진 것도 아니다. 빗 모양의 날카로운 이빨, 어른 팔뚝을 삼킬 정도의 입, 머리가 몸통의 반 이상을 차지하는 가분수 모양에다가 배불뚝이다. 커다란 입 바로 위쪽에 안테나 모양의 낚싯대를 달고 있다. 점잖게 있다가 고기들이 낚싯대로 접근하면 잽싸게 큰 입을 벌려서 통째로 삼킨다. 꼬락서니가 흉할 뿐만 아니라 더러운 코까지 질질 흘리고 있다. 탐욕스런 배를 갈라보면 자기 몸짓보다 큰 물고기는 물론이고, 찌그러진 음료수캔 같은 것들도 나온다고 한다.

보기도 먹기도 꺼림칙해서 팔리지 않았다. 아무도 아귀를 요리로 개발하거나 음식으로 먹을 생각을 하지 않았다. 단지 6 · 25 전쟁 때 피난민들의 배고픔을 해결해 주는 가장 값싼 생선으로 탕이나 수육으로 만들어 먹었다. 그것을 제외하면 가축사료나 퇴비로 쓰는 경우가 대부분이었다. 아귀가 수난을 겪는 시기였다.

향토언론인 '김형윤'이 쓴 《마산야화馬山野話》에 다음과 같은 이야기가 실려 있다.

어느 추운 겨울, 어부들이 천덕꾸러기 아귀를 들고 마산 오동동 단골 선술집으로 왔다. "할무이, 이 괴기로 안주 하나 해주소." "참 밸일도 많다. 이 코 질질 흘리는 못생긴 괴기를 오데 쓸라꼬, 일 없소." 할머니는 작은 봉창문 밖으로 아귀를 내동댕이쳤다. 그러던 어느 봄날, 할머니가 시장에 갔다 오던 중 처마 밑에 버려져 있는 마른 명태 같기도 하고 마른 가오리 같기도 한 어포를 발견했다. 주워 보니 그게 바로 겨울에 버린 아귀였다.

이것을 갖다 무와 된장을 넣고 자작자작하게 찜을 만들어 선술집을 찾는 손님들의 술안주로 내놓으니 그 맛이 각별했다. 장어나 고등어를 팔던 다른 술집에서도 아귀를 안주로 내놓기 시작했다. 마른아귀에 미더덕, 콩나물, 미나리를 첨가하는 찜 요리가 개발되었다. 술집은 물론 식당에서도 본격적으로 아귀찜을 내놓았다. 그 특이한 맛과 향이 입소문으로 퍼지면서 마산아귀찜은 미식가들의 입맛을 사로잡는 음식으로 유명세를 타기 시작했다고 한다. 현재 아귀는 일반 생선보다 더 비싸게 팔리는 것은 물론이고 온 국민의 사랑을 듬뿍 받는 밥

반찬으로, 술안주로 확실하게 자리를 잡고 있다. 아귀의 황금 시대가 열렸다.

아귀로 만들 수 있는 요리는 다양하다. 찜, 탕, 수육은 물론이고 횟감으로도 즐긴다. 아귀찜은 크게 명태처럼 덕장에서 말린 아귀를 이용하는 마산아귀찜과 신선한 생아귀를 이용해서 만드는 부산아귀찜으로 나누어진다. 아귀는 비린내가 나지 않아 담백한 맛의 탕이나 수육으로 먹으면 특별한 맛을 느낄 수 있다. 탕이나 수육을 만들 때 주의할 점은 간, 위 같은 내장을 버리면 안 된다는 것이다. 특히 '아귀애'라고 불리는 간은 단백질과 지방이 풍부하다. 그래서 미식가들은 아귀애를 '바다의 푸아그라'라고 말한다. 아귀요리는 열량과 콜레스테롤이 낮아서 남성보다 여성들이 훨씬 더 좋아하는 음식이다.

동네마다 아귀찜 식당을 쉽게 찾을 수 있다. 그만큼 아귀찜을 좋아하는 사람이 많다는 것이다. 아귀는 푸대접을 받던 과거를 다 잊고 자신을 찾아주는 손님들에게 건강과 행복을 챙겨주고 있다. 현재 자신의 삶이 불행하다고 생각하는 사람들도 아귀처럼 언젠가 남부럽지 않게 살 수 있다는 희망을 가졌으면 좋겠다.

가끔 가족들과 아귀찜을 먹으러 간다. 애들이 땀까지 흘리면서 먹는 모습을 보면 기분이 좋다. 옛날 어머니가 그랬던 것처럼.

요리하는 중년

인생의 종점까지는 아직 까마득하다. 아무것도 먹지 않고 살고 싶을 정도로 삼시 세끼를 챙겨 먹는 것이 힘들어질 때가 있다. 삼 일이나 일주일 정도 버틸 수 있는 신비한 약이 없을까, 과학자들은 뭣하고 있는지 모르겠다. '남편이 퇴직한 후, 밥 때문에 외출도 못하고 있다.'는 아주머니들의 푸념을 자주 듣는다. 먹는 것 때문에 가정불화가 자주 발생하고 있는 게 현실이다. 집에서 밥만 축내는 나도 '삼식이'가 아닌지 염려가 된다.

직장 동료들이 요리한 옻닭이나 추어탕을 먹어 본 적이 몇 번 있다. 맛을 떠나서 직접 요리하는 모습이 너무 부러웠지만 나는 엄두를 낼 수 없었다. 직장생활 30년을 끝낼 때까지 내가 끓일 수 있는 것은 라면밖에 없었다. 지금까지는 아무런 문제가 없다. 나보다 일찍 퇴직한 아내는 현실에 적응을 잘하고 있다. 한자를 배우면서 '아이돌보미'를 하고, 산악자전거를 타러 다닌다. 집에 있는 막내아들은 고3보다 더 바쁜 대학 졸업반이다. 식구들과 달리 한갓진 나는 리모컨만 만지작거릴 따름이었다.

뭔가를 해야 했다. 굳이 가정을 위한 것이 아니어도 상관없다. '삼식이'라는 말만 듣지 않으면 충분하다. 잔소리와 눈칫밥에서 벗어나기 위해 며칠 밤을 고민했다.

"그래! 요리를 배우자."

무엇이든 인터넷으로 배울 수 있는 좋은 세상이다. 굳이 학원에 다닐 필요가 없다. 내가 아내보다 더 오래 살거나, 혹시 혼자 살지도 모를 일이다. 요리만 할 줄 알면 특별한 걱정 없이 살아갈 수 있다. 요리를 배우자는 명분을 앞세워 정신무장을 단단히 했다. 힘들었던 훈련병 시절과 초보운전 스티커를 붙이고 고속도로 주행을 끝냈을 때의 기분을 떠올리며 두 주먹을 불끈 쥐었다.

다음 날 새벽밥을 먹고 막내는 학교에, 아내는 동호회 회원들과 자전거를 타고 '간절곶'까지 간다며 집을 나갔다. 설거지를 끝내고 컴퓨터의 전원을 눌렀다. 긴장된 마음으로 검색창에 '된장찌개'를 입력했다. 30분 이상 관련 정보를 정독한 후에야 비로소 감이 잡혔다. 마트에서 두부, 조개, 땡초를 구입하여 간신히 첫 요리를 완성했다.

그 후 새로운 음식 한 가지를 만들기 위해 적어도 10곳 이상의 요리 관련 사이트를 방문했다. 이것저것을 비교한 후, 나름대로 방향을 잡고 식단표를 만들었다. 1년 정도는 새벽에 일어나 식사를 준비했다. 찌개를 끓이고, 나물이나 볶음 요리를 만드는 데 2시간 이상 걸리곤 했다. 계란탕, 김치찌개, 콩나물무침이 막내와 아내로부터 좋은 호응을 얻었다. 자신감과 용기가 생겼다. 새롭고, 맛있고, 건강한 음식을 만들기 위해 인터넷을 뒤졌다. 시장과 마트를 샅샅이 훑었다. 서툰 칼 솜씨로 손가락을 베어 피를 보거나, 음식을 짜고 맵게 만드는 경우도 있었지만, 사소한 실수는 지속적인 노력으로 해결되었다. 어떤 요리에 간장을 넣고 소금을 풀어야 하는지도 구별할 수 있게 되었다. 식사를 준비할 때마다 주부들의 고충을 조금씩 이해하게 되었다.

제법 할 수 있는 요리의 종류가 늘어났다. 학창시절 누나 집에서 먹었던 매콤한 어묵볶음, 거제도에 여행가서 해장국 삼아 먹었던 홍합탕, 비싸게 사먹었던 간장게장, 애들이 좋아하는 닭볶음탕, 아내가 좋아하는 잡채와 대구찜도 몇 번을 시도한 끝에 고유한 맛과 향을 만들어낼 수 있었다. 가족들이 맛있게 먹는 모습을 보면서 지금까지 몰랐던 작은 행복을 느꼈다.

작년 겨울, 처갓집에서 김장을 했다. 나는 김장과 어울리지 않는 동태를 들고 갔다. 여자들이 배추를 치대는 동안 나는 점심을 준비했다. 큰사위가 요리하는 모습을 처음 본 처가 식구들의 눈은 휘둥그레졌다. 동탯국을 끓여 점심을 대접했다. 모두의 입이 벌어졌다. 공장을 경영하는 동서는 식당을 동업하자는 농담까지 하면서 두 그릇이나 비워주었다. 1년 넘게 요리를 독학하면서 최고의 희열을 느끼는 순간이었다. 나는 더 이상 식충이가 아니라 스스로 세끼를 해결할 수 있는 '자립형 삼식이'가 되었다.

친구들은 내가 요리를 한다는 것을 믿지 않았다. 궁리 끝에 내가 만든 음식을 사진으로 찍어 블로그에 올렸다. 처음에는 긴가민가했지만 같은 모양의 그릇이 계속 올라오는 것을 보고서야 사실로 인정해 주었다. 사진을 찍다 보니 "보기 좋은 떡이 먹기도 좋다."는 속담처럼 음식에도 때깔이 중요하다는 것을 알았다. 빨간 고추, 파란 부추와 미나리, 달걀노른자, 하얀 만가닥버섯 등은 색상을 맞추는 데 제격이다. 눈에 보이는 색깔이 음식에 대한 호감을 한층 높여주는 역할을 한다. 사람들이 화장을 하고 좋은 옷을 입으려는 이유가 아니겠는가.

며칠 전, '양념게장'을 백 번째 사진으로 블로그에 올렸다. 2년 전 내가 계획했던 '요리 100편'의 대장정이 마침내 달성되었다. 지인들의 칭찬보다는 당당하고 자신 있게 요리를 할 수 있다는 것이 더 흐뭇하게 느껴진다. 이제 주방은 안방보다 더 편한 장소가 되었다.

초보를 거치지 않은 전문가는 없다. 무엇을 하든 경험과 경력이 중요하다. 가족을 위해 30년을 요리한 아내도 있는데 경력 2년짜리인 내가 요리를 한다고 내세울 수는 없다. 그동안 배운 것이라면 신선한 제철음식을 많이 먹는 습관이 중요하다는 것이다. 즐겁게 시장에 가고, 신나게 요리를 하고, 감사하는 마음으로 먹을 때, 그 음식은 최고의 음식이 된다. 한 가지 더 바란다면 열심히 일하고 퇴직한 남자들이 쓸데없는 자존심 버리고 항상 바쁘고 즐겁게 살았으면 좋겠다.

막내는 취업을 해서 객지로 떠나고 없다. 요즘 아내와 나는 정해진 순서 없이 요리를 한다. 아내가 주방에 있으면 나는 소파에 누워 메이저리그 야구를 본다. 내가 요리를 할 때면 아내는 안방에서 드라마를 보고 있다. 내 인생 최고의 선택 중에 하나는 스스로 요리를 배웠다는 것이다.

주방

모두 나에게만 오면 끝장이다. 비싼 소고기도 좋고 맛있는 돼지삼겹살도 좋다. 하늘만 바라보며 이슬을 마신 야채든 땅속으로만 달려가는 풀뿌리든 상관없다. 멀리 태평양 심해에 살던 생선이건 가까운 연해에서 자란 해조류건 개의치 않는다. 나에겐 대장간에서 몸을 단련시킨 다양한 종류의 칼과 전라도 장흥 출신의 편백나무 도마가 있다. 싱크대라 불리는 나의 심장에는 깨끗한 물이 콸콸 쏟아지고, 스위치만 누르면 활활 타오르는 불이 있다. 두려울 것도 없고 못할 것도 없다.

나를 마술사라 부르는 사람도 있다. 틀린 말은 아니다. 아무리 더러운 그릇도 나에게만 오면 빤짝빤짝 빛나게 된다. 주인이 원하는 요리를 뚝딱뚝딱 맛있게 만들 수 있다. 지금까지 내가 해본 요리는 국 찌개 볶음 찜 전골 조림 생채 숙채 전 구이 등, 이루 말할 수 없다. 마술사가 가끔 실수를 하는 것처럼 나도 실수를 한다. 국을 찌개로 만들거나 찌개를 찜처럼 만드는 경우도 있다. 그 실수는 주인이 음식을 만들면서 TV를 보거나 친구와 정신없이 통화하기 때문에 생기는 일이다. 주인님, 요리할 때는 제발 나에게만 신경을 써 주세요.

나에게 딸린 식구도 많다. 좌 가스레인지, 우 냉장고. 사신도에 나오는 청룡과 백호를 누가 더 우월하다고 말할 수 없는 것처럼 두 놈도 그렇다. 하나는 성질이 불같이 뜨겁고, 다른 놈은 얼음처럼 차갑다. 같이 붙여놓을 수가 없다. 중간에 자리 잡은 싱크대가 그들의 접근을 통제하고 있다. 머리와 다리에는 각종 양념이나 그릇, 프라이팬 등이 보관되어 있는 수납장과 선반이 있다. 그들 덕분에 나의 외모는 더욱 깔끔해졌고 여유 있는 공간도 확보할 수 있다. 난방과 온수를 책임지는 가스 배관은 내 몸속에 혈관처럼 뻗어 있다.

쌀통이나 냉장고에 들어간 물건은 선입선출법先入先出法이 적용된다. 수납장에 얌전히 앉아있는 그릇이나 커피 잔에는 그것이 적용되지 않는다. 새로 산 그릇만 사용하고 그것이 싫증나거나 깨지면 다시 구입한다. 12년 전, 수납장에 들어간 꽃이 그려진 접시는 아직 한 번도 세상 구경을 못하고 있다. 아마 숨이 막혀 죽었는지도 모르겠다. 주인은 그게 있는지도 모를 것이다. 세상사 다 그렇다고 이해를 하려고 해도 다른 가족들도 언젠가 외면당할지 모른다고 생각하면 마음이 편치만은 않다.

두 발짝만 걸어가면 나의 사촌들이 모여 사는 공간이 있다. 쌀통 전기밥솥 커피포트 같은 터줏대감과 순차적으로 입주한 전자레인지 김치냉장고 토스트기가 잘 어울려 살고 있다. 그 중 전기밥솥은 두 번이나 바뀌었다. 혼자 열을 많이 받고 풀지 못해서 스스로 수명을 단축시켰다. 전자레인지와 토스트기는 거의 매일 공휴일이다. 반면에 김치냉장고와 커피포트는 1년 내내 빨간 날이 없다. 매일 바쁘게 열심히 일한다. 그런데도 주인은 그들에게 칭찬 한마디 없다. 같은 동료라도 열심히 하는 놈과 그렇지 못한 놈을 구별해야 하는데….

그 옆으로 식탁이 있다. 전에는 4명이 함께 식사를 했는데, 지금은 2명밖에 보이지 않는다. 그렇다고 신혼부부는 아닌 것 같다. 조용히 밥만 먹고 후다닥 일어선다. 부부가 맞는지 모르겠다. 가끔 식탁 위에 꽃병이 올라오면 텃밭을 화단으로 가꾸어 놓은 기분이다.

나의 원래 이름은 '부엌'이었다. 옛날에는 '부뚜막'이나 '정지'라고도 불렀다. 아파트가 본격적으로 보급되면서 나는 빠른 속도로 진화해 왔다. 부엌이라는 단어에서 불편하고 촌스러운 냄새가 난다는 이유로 현대적인 이미지를 가진 현재의 이름으로 개명했다. 이제는 단순하게 음식을 조리하고 식기를 세척하는 공간이 아니다. 생각지도 못했던 TV, 컴퓨터, 스마트가전들이 우리 가족으로 입양되어 오고 있다고 한다. 첨단 시설과 기술력이 집약된 하나의 문화 공간, 소통의 공간이다. 사람들은 나의 공간에 앉아서 음악도 듣고 책도 읽는다. 젊은 이들은 나를 '아트키친'이나 '시스템키친'이라 부른다. 그렇게 어색한 말은 아닌 것 같다.

나의 주인이 바뀌었다. 전에는 안주인이었는데, 지금은 바깥양반이다. 며칠 하다가 그만두겠지 생각했는데 3년 넘게 나를 통제하고 있다. 30년 가까이 직장생활을 했으면 좀 쉬지. '삼식이' 소리 좀 들으면 어때. 남자가 쪼잔하게 요리를 한다고. 그래도 재미가 있는 모양이다. 매일 새로운 것을 만든다고 바쁘다. 땀까지 뻘뻘 흘리면서 요리하는 모습을 보면 안쓰러운 마음도 생긴다. 안주인에게 잔소리를 듣지 않기 위한 중년의 마지막 발악인지 모르겠지만 그 의지는 칭찬할 만하다.

자연스럽고 민주적인 방법으로 주인이 바뀌었지만 나로서는 아쉬운 점도 있다. 남자의 투박한 손길과 여자의 부드러운 그것과는 느낌이 다르다. 술을 좋아하는 바깥양반은 새벽시간에 가끔 술 냄새를 풍기며 요리를 한다. 안주인은 화장을 하지 않아도 몸에서 풍겨 나오는 향수냄새가 나를 기분 좋고 활기차게 만들어 준다. 그래도 어쩔 수 없다. 아무리 정치인들이 밉고 싫어도 그 임기가 끝날 때까지는 그를 따를 수밖에 없지 않는가.

내가 품은 바람은 단 하나다. 주인과 가족들이 나의 공간에서 만들어진 맛있는 요리를 즐겁게 먹는 것이다. 아무리 바쁜 아침 시간이라도 시래깃국 한 숟가락 떠먹고 가는 모습이 나를 흐뭇하게 만든다. 봄에는 상큼한 야채를, 여름에는 시원한 냉국을, 가을에는 향긋한 송이버섯전골을, 겨울에는 칼칼한 동탯국을 제공할 수 있어 나는 행복하다. 주인과 가족들의 건강은 내가 책임진다. 그것이 내가 존재하는 이유가 아니겠는가.

400원의 아쉬움

이기대 갈맷길을 산책했다. 작정을 하고 1시간 이상 걸었다. 살랑거리는 마파람에 머리는 시원하지만 목덜미와 등줄기에서는 땀이 계속 흐른다. 내의가 척척하게 젖었다. 눈앞에 보이는 오륙도 등대섬으로 달려가 훌러덩 벗고 다이빙을 하고 싶은 마음이다. 하얀 포말을 시원하게 뿜어내며 달리는 유람선이 부럽다. 얼른 집으로 가서 샤워를 해야겠다.

주차장 한쪽에서 커피향이 날아온다. 힘들거나 피곤할 때 커피를 마시면 활력이 생긴다. 내가 좋아하는 자판기의 밀크커피가 나를 유혹한다. 달곰쌉쌀한 감칠맛은 어떤 커피와도 비교할 수 없고 가격대비 만족도가 높다. 젊은이들이 좋아하는 에스프레소 아메리카노 카푸치노는 아직 내 입맛에 맞지 않는다.

승용차 동전함에서 400원을 끄집어내었다. '딸그락딸그락' 자판기에 동전 떨어지는 소리가 정겹게 들린다. 어디선가 길냥이 한 마리가 달려와 자판기 옆에 자리를 잡는다. '자석이, 커피 맛을 아는 모양이지.' 버튼을 힘차게 누르자 윙윙거리는 소리와 함께 램프가 빤작거린다. 커피 맛을 미리 감지한 혓바닥이 입천장을 자극하며 목구멍으로 침을 넘긴다. 길냥이와 눈이 마주쳤다. '알았어. 좀 남겨줄게.'라고 말했다. 길냥이는 알아들었다는 듯이 꼬리를 좌우로 흔들었다.

램프의 불이 꺼졌다. 커피 투출구를 열고 손을 넣었다. '어어!' 종이컵이 없다. 뜨거운 물만 몇 방울 떨어지고 있다. 허리를 숙여 투출구 구석구석을 쳐다본다. 종이컵이 숨어 있는 것도 아닌데. 고장 난 자동차의 보닛을 올려놓고 이리저리 살펴보는 심정이다. 나의 행동을 살피던 길냥이가 시큰둥한 표정으로 '그것도 하나 제대로 못 뽑아?'라고 말하며 비아냥거리는 듯하다. 다리 하나를 들어 얼굴을 비비적거린 후, 하품을 하고는 어딘가로 사라졌다. 갑자기 허전함과 불신감이 몰려왔다. '아이고, 이걸 그냥….' 옛날 같으면 자판기를 발로 한

번 차기라도 했는데. 지나가는 행락객들이 나를 쳐다보면서 가고 있다.

특별한 하자가 없는 기안문을 상사에게 퇴짜 맞은 기분으로 승용차에 탔다. 거울에 비친 내 모습이 초라해 보인다. '400원이 뭐 그리 중요하다고.' 애써 위안해보지만 기분만 더 나빠진다. 사기당한 기분까지 든다. 지금까지 사기를 많이 당했다. 외판원을 하는 고등학교 후배에게 10만 원을 송금하고 받지 못한 어린이 동화책, 신호에 걸린 승용차 기사에게 싸게 파는 파인애플을 구입해서 집으로 들고 갔다가 마누라에게 욕만 실컷 들었던 생각도 난다. 그것도 지금 400원에 비하면 아무것도 아니다.

나는 어디 가서 큰소리 한번 못 치는 소심한 사람이다. 배운대로 살아가는 평범한 시민이다. 나는 지금 400원에 온갖 신경을 쓰고 있는 좀생이가 되었다.

명태대가리전

팔도시장에 자주 간다. 찬거리를 구입하기 위해서다. 재래시장은 식재료의 가격을 흥정하고 덤을 얻을 수 있어 좋다. 신선한 채소와 펄떡거리는 생선을 팔기 위한 나이 든 상인들의 고함소리도 정겹게 들린다. 시장을 자주 다니다 보니 까만 비닐봉지를 들고 다니는 것도 이제는 창피하지 않고 당당하다. 요즘 나처럼 장을 보는 남자들을 의외로 쉽게 볼 수 있다. 시대의 흐름에 따라, 자신의 안녕과 가정의 평화를 위한 남자들의 자구책인지 모르겠다.

거미줄처럼 얽혀 있는 시장통 골목에 술을 파는 포장집이 여러 군데 있다. 주부 경력은 4년에 불과하지만 음주 경력은 40

년이 넘었으니 눈길이 술집에 쏠리는 현상은 자연스러운 일이다. '명태대가리전'이라고 써 놓은 간판에 시선이 멈춘다. 참새는 방앗간을 꼭 들렀다 가지만 나는 맛과 모양만 상상해본다. 필요한 물품을 구입하면서 오늘 저녁에는 특별한 안주를 먹어봐야겠다고 마음을 정한다.

가족을 위해 정성껏 저녁을 준비해 놓는다. 해가 떨어지고 어둑어둑 땅거미가 지기 시작하면 집을 나선다. 내가 정해놓은 술시酒時의 기준이다. 포장집까지 십여 분을 걸어가는 내내 마음이 설렌다. 명태대가리전의 맛은 어떨까. 분위기가 좋을까. 혹시 마음이 통하는 사람을 만날 수 있지 않을까. 지금까지 많은 포장집을 다니면서 100% 만족한 적은 없다. 그래도 내가 좋아하는 술을 마시면서 새로운 글감을 하나 찾을지도 모른다는 기대감이 있다. 빈손으로 돌아가도 괜찮다. 언제나 다음이 있고, 다른 집이 있다.

포장집의 문을 열고 들어서자 한쪽에는 명태대가리전을, 다른 쪽에는 파전을 굽고 있다. 직사각형 모양의 길쭉한 공간에 2인용, 4인용 테이블이 예닐곱 개 놓여 있다. 여남은 명의 남녀 손님들이 두서너 명씩 앉아 희희낙락거리며 술을 마시고 있다. 나는 혼자 왔다는 것을 주인아주머니에게 말하고 명태대가리전과 막걸리를 주문했다. 사람들이 힐끔힐끔 나를 쳐다보았지만 개의치 않고 어엿하게 2인용 자리에 앉았다. 최근에 유행하는 '혼술족'이라는 용어는 나를 지칭하는 말이다.

깍두기 한 접시와 시래깃국이 기본으로 나왔고, 잠시 후 바삭하고 노르스름하게 구워진 명태대가리전 두 장이 양념장과 함께 테이블의 중앙에 올려졌다. 50대 초반의 젊은 주인아주머니는 웃으면서 "맛있게 드세요."라는 인사를 하고 간다.

'아! 이게 명태대가리전이구나.'

명태대가리전은 말 그대로 명태대가리 부분을 펴서 계란과 부침가루로 반죽한 옷을 입혀 기름에 지진 음식이다. 대가리 속과 아가미 아랫부분에 붙어있는 살을 발라 먹는 재미와 튀김의 바삭하고 고소한 맛을 느낄 수 있다. 운이 좋으면 몸통살이 많이 붙어 있는 대가리도 만날 수 있을 것이다. 한 접시에 3 · 4천 원 하는 명태대가리전은 가격 대비 막걸리 안주로는 제격이다.

입이 큰 대구과에 속하는 명태는 해마다 우리나라에서 제일 많이 소비되는 '국민생선'이다. 잡은 그대로의 생태를 먹기도 하지만 얼리거나 말려서, 때로는 게맛살이나 어묵처럼 가공해서 먹는다. 부산물 중 알은 명란젓으로, 창자는 창난젓으로,

간은 기름을 짜서 등불을 밝히는 데 사용하기도 했지만, 대가리만은 그냥 버려졌다. 쓰레기통에 모아진 대가리는 비료로 쓰이거나 음식물쓰레기로 처리되었다.

그렇게 버려지던 명태대가리는 부산의 시장 상인 누군가에 의해서 '전'으로 개발되었다. 지금은 바다 내음을 풍기면서 부산을 대표하는 서민들의 술안주로 당당하게 자리 잡아 가고 있다. 자갈치, 부산진, 부전, 동래 등의 시장뿐만 아니라 동네 상가에서도 쉽게 맛볼 수 있다고 한다.

시원한 막걸리 한 사발을 벌컥벌컥 들이마시고 젓가락으로 대가리 속살을 바르던 중 어머니 모습이 떠오른다. 밥상에 올려진 생선구이를 토막 내어 자식들에게 몸통을 주고 당신은 대가리 부분만 드셨다. 어머니는 '어두일미'라는 말의 의미를 알고 계시지는 않았지만 "생선은 대가리가 제일 맛있어."라고 습관처럼 말했다. 대가리에서 맛있는 살점이라도 나오면 그것을 내 밥숟가락 위에 얹어 주었다. 생선 한 마리를 먹으면서도 자식들만 생각했던 어머니의 정이 새삼 그리워진다. 만약 어머니와 함께 명태대가리전을 먹는다면 어머니는 어떤 사랑을 베풀어 주실까.

최근 뉴스를 보면 우리나라 동해안의 명태는 씨가 말랐다고 한다. 내가 먹고 있는 이 명태대가리는 어디서 살다 왔을까. 드넓은 북태평양의 오호츠크 해, 베링 해, 북해도 어딘가에서 편안한 삶을 살다가 포획되었고, 헤아릴 수 없는 긴 시간을 냉동상태로 보관되었을 것이다. 어느 날 갑자기 몸통과 분리되었고, 생전에 상상도 못했던 전집에서 막걸리와 함께 최후를 맞이하게 되었다.

우리의 인생도 명태대가리의 처지와 별반 다를 게 없다. 영원할 것 같던 젊은 청춘을 덧없이 보내고 오로지 가족을 위해 앞만 보고 달려왔다. 이제 자식들은 다 성장해서 각자의 길을 가고 아내도 자기 생활에 열심이다. 명태의 몸뚱이처럼 흩어져 제각각 다른 방향으로 가고 있다. 허울만 가장인 나는 보이지 않는 창살 속에 구속되어 하루하루를 보낸다. 그래도 명태대가리전은 나에게 즐거움을 주면서 포장집 접시 위에 놓여 있다. 나도 누군가에게 만족감을 주고 있는지 모르겠다.

나보다 먼저 왔던 손님들은 다 떠나고 새로운 손님들이 앉아 있다. 이제 내가 가야 할 순서다. 마지막 막걸리 잔을 들이켜면서 명태대가리전 속에 숨어있는 살점을 찾아본다.

김치마니아

12월 중순이면 김장하러 간다. 장모님이 사전 준비를 다 해 놓은 상태다. 비닐로 감싼 널따란 합판 위에 양념이 두꺼비 집처럼 쌓여 있다. 각 모서리에 동서와 처제, 아내와 내가 자리를 잡는다. 빨간 고무장갑을 낀 채, 오른손으로 양념을 바르고 왼손은 배추 잎을 잡아 재빠르게 넘긴다. 각자의 김치통에 하나씩 하나씩 포개어 올린다. 그 위에 배추 우거지를 다독다독 덮어주면 한 통이 완성된다. 떨어진 배춧속 한 잎을 양념에 발라 먹어 본다. 맛있다.

어린 시절, 어머니는 고구마, 감자, 연근을 삶아 팔았다. 어느 정도 시간이 지나 상품가치가 떨어진 것들은 가족들이 먹어치워야 했다. 허기진 배를 채우기 위해 먹지 않을 수 없었다. 최근에 그것들은 '웰빙식품'이라 불리며 인기가 좋지만 나에겐 배고픔을 달래기 위한 아픈 추억의 음식이기 때문에 별로 좋아하지 않는다.

질리도록 먹었던 김치는 그렇지 않다. 다른 찬거리는 계절과 가격에 따라 바뀌지만 김치는 항상 식탁에 올라와야 한다. 심지어 제사가 끝나고 나면 형수는 제일 먼저 김치를 들고 왔다. 김치가 없으면 시동생이 밥을 먹지 않는다는 것을 알고 있기 때문이다. 아무리 진수성찬이라도 김치가 없으면 초장 없이 회를 먹은 것처럼 뭔가 서운하고 아쉬운 기분을 느낀다. 나에게 김치는 1년 내내 제철음식이다.

김치로만 밥을 먹던 시절이 있었다. 정신없이 놀다가 배가 고프면 아무도 없는 집으로 뛰어갔다. 한 평 남짓한 부엌의 찬장을 열고 아래위로 훑어보았다. 혹시나 하는 마음은 금세 사라진다. 아침에 먹다 남은 배추김치, 열무김치, 고사 직전의 장미보다 더 시커먼 고추장이 전부다. 아침에는 말라비틀어진 멸치와 눅눅한 김이라도 몇 장 있었는데…. 눈에 번쩍 띄는 것이 있었다. 참기름이다. 바닥과 옆구리가 찌그러진 노란 양푼에 식은밥, 열무김치, 고추장을 담고, 참기름을 듬뿍 부었다.

입맛을 다시면서 열심히 비볐다. 첫 순갈의 고소함과 만족감. 더 이상의 감칠맛은 없다.

고등학교 시절, 친구 집에서 많이 잤다. 한 번은 연탄가스를 심하게 마셨다. 나는 방문을 열고 거북이처럼 기어 나와 마루에 '쾅!' 소리를 내며 뻗었다. 친구 어머니가 놀라서 뛰쳐나오셨다. 나와 친구의 상태를 보고는 부엌으로 달려가 동치미 국물을 한 바가지 퍼오셨다. 그 시원한 국물을 마시고 바깥바람을 쐬면서 차츰차츰 정신이 돌아왔다. 나는 기억하고 있다. 그 상황에서 친구 어머니는 마루에 나와 있는 나보다 방에 있는 아들에게 먼저 동치미 국물을 마시게 했다는 것을. 지금은 이해한다.

퇴근을 하고 동료들과 가는 단골술집이 몇 군데 있었다. 그 중에서 시장통에 있는 횟집에 많이 갔다. 갈 때마다 장부에 달았다. 1/N로 나누고, 개별적으로 합산된 장부가 월급날 올라오면 내가 지급할 금액만 계산하면 한 달이 끝난다. 그 집에서도 여느 횟집처럼 김치가 나오지 않았다. 나는 계속 요구했다. 네 번째쯤 갔을 때부터 주인아주머니는 쭉쭉 찢은 포기김치나 시원한 열무김치를 기본으로 주었다. 그러면서 나에게 '김치선생'이라는 별명을 붙여주었다.

지금은 치킨집에서 소주를 마시거나 맥줏집에 가서도 김치를 요구한다. 약간 겸연쩍은 표정을 지으며. 몇 년 전까지 '없습니다.'라는 대답을 많이 들었지만 지금은 '예.' 하고 웃으면서 가져다준다. 나처럼 김치를 찾는 사람이 제법있기 때문에 준비를 해놓고 있다. 내가 별나거나 이상한 사람은 아닌 것 같다.

'우리나라 김치의 종류는 엄마의 수만큼이나 많다.'는 우스갯소리가 있다. 지역마다, 집집마다 담그는 방식이 조금씩 다르다는 것을 빗대어 생겨난 말일 것이다. 게다가 김치의 주재료는 얼마나 다양한가. 배추, 무, 오이 이외에도 여러 가지 채소를 이용하여 만드는 김치, 나물류김치, 해조류김치, 어패류김치, 육류김치까지 그 종류를 이루 말할 수 없다.

김치의 효능은 이미 2003년부터 세계의 매스컴을 타기 시작했다. 당시 사스(SARS)가 중국 대륙을 강타했을 때, 인접한 우리나라에서는 단 한 명의 사스 감염자가 나오지 않았다. 중국 언론들은 그 이유를 김치 때문이라고 보도했다. 2006년, 미국의 건강전문잡지 《헬스Health》는 '세계 5대 건강식품' 중의 하나로 김치를 선정했다.

우리나라의 '김장문화'는 2013년 12월 유네스코 인류무형문

화유산으로 등재되었다. 한류 열풍에 따라 김치를 좋아하는 외국인이 증가하면서 수출도 늘어나고 있다. 재료를 수입해서 직접 김장을 해 먹는 외국인도 증가하고 있다. 그것으로 만족해서는 안 된다. 김장을 담그는 과정의 표준화와 스토리텔링을 만들어야 한다. 이제 '어머니의 손맛'만 강조할 때가 아니다. 외국인도 쉽게 담그고 맛있게 먹을 수 있어야 한다. 김치와 관련된 설화나 재미있는 이야기도 많이 만들어 보급해야 할 것이다.

다른 음식을 먹으면서 간이 안 맞거나 느끼한 맛을 느낄 때 김치를 곁들여 먹는다. 교직원 식당에서 싱거운 미역국에 김치 몇 조각을 넣어 간을 맞추어 먹었다. '미역국에 김치 넣어 먹는 사람 처음 본다.'는 동료들의 야유는 들었지만 맛있게 잘 먹었다. 콩나물국 어묵탕 생태탕 등에도 흐르는 물에 헹구어 양념을 뺀 김치를 넣어 요리하면 제격이다. 나에게 김치는 음식 맛을 살려 주는 최고의 조미료다. '나의 제사상에는 꼭 김치를 올릴 것'이라는 유언을 남기고 싶다.

김장의 마침표는 양념을 많이 치댄 겉절이 위에 방금 삶은 수육을 올려 먹는 것이다. 거기에 윤기가 자르르 흐르는 쌀밥 한 숟가락 먹으면 수라상이 부럽지 않다.

10개의 김치통을 트렁크에 싣고 집으로 달린다. 마음이 든든하다. 김치찌개와 김치전을 생각하니 침이 꼴깍 넘어간다. 막걸리도 생각난다.

3.
꽃놀이패

지심도에 가고 싶다

한려해상국립공원(한려수도, 閑麗水道)은 1968년 12월 31일 우리나라에서 처음으로 국립 해상공원으로 지정된 곳이다. 통영에 있는 한산도의 '한閑'과 여수의 '여麗' 자를 따서 붙여진 이름이다. 그렇지만 실제 한려수도는 거제도의 지심도에서 여수의 오동도까지에 이르는 경상도와 전라도의 4개 시, 2개 군에 걸쳐 있는 남부 해안 일부를 일컫는 말이다. 그래서 지심도는 한려수도의 출발점이자 종점이다.

학창 시절부터 여행을 좋아했다. 남해안의 유명한 섬, 매물도, 사량도, 한산도, 소록도, 거문도, 백도, 청산도, 보길도, 등을 돌아보았다. 심지어 매물도나 소록도처럼 내 마음을 사로잡는 섬은 적어도 2번 이상 방문하였다. 아무 생각 없이 그 섬을 한 바퀴 돌아본다. 사람들이 많이 찾는 명소도 좋지만, 길과 나무, 산과 바다, 그리고 섬사람이 어우러진 풍경에 마음이 끌린다. 초롱초롱한 별빛이 내리면 그 섬의 향을 먹고 자란 해산물을 먹어 본다. 아련한 섬 내음과 청순한 맛에 취해 스르륵 눈이 감긴다.

통영에서 50Km 남쪽에 위치한 괭이갈매기 서식지, '홍도紅島 (천연기념물 제355호)'에 관련된 다큐멘터리를 수업이 없는 시간에 교사 휴게실에서 보았다. '다도해 해상국립공원'에 있는 전남 신안군의 '홍도紅島' 와 이름은 같지만 서로 다른 섬이다. '저런 섬을 아직 못 가다니.' 빨리 가고 싶다. 방학은 아직 한 달이나 남았지만, 마음은 이미 홍도에 가 있었다. 인터넷을 뒤졌다. 거제도 장승포항에서 출항하는 배가 있었다. 여행을 좋아하는 꾼들과 조를 맞추었다.

겨울방학을 하고, 3일 후. 부푼 기대감을 안고 장승포 유람선터미널로 달렸다. '홍도와 괭이갈매기들은 나를 어떻게 맞이할까?' 가슴이 뛰었다. 대학 시절 첫 미팅 때보다 더 설레게 만들었다. '이게 뭐야?' '홍도는 괭이갈매기 번식지 보호를 위해 관리와 학술 목적으로만 출입이 허용되고, 그나마도 문화재청장의 허가를 받아야 한다.'는 안내원의 설명을 들었다. 여행을 수백 번 다녀도 이런 경우는 없었다. 실망과 안타까움이 교차했다.

'꿩 대신 닭' 아직 가보지 못한 섬, 지심도로 향하는 유람선에 허탈한 마음을 실었다. 10여 분을 달리자 하나의 숲처럼 보이는 작은 지심도가 눈에 들어왔다. 섬의 모양이 '마음 심心' 자를 닮아서 '지심도只心島', 섬 전체 나무 중에서 70%가 동백나무로 빼곡히 들어차 있어서 '동백섬'이라 부르기도 한단다.

'갈지之'자 모양의 산책로를 따라 올라갔다. 민망한 표정의 불청객들에게 동백나무, 후박나무, 팔손이들은 파르르 잎을 떨면서 팡파르를 울려주었다. 기대 이상이다. 점점 기분이 좋아진다. 차가 다닐 수 없는 섬에 오토바이를 개량하여 만든 짐수레가 힘겹게 올라간다. 중간중간에 마을 사람들이 개간해서 만든 손바닥만 한 밭뙈기에서 애잔한 인생이 느껴진다. 예닐곱 가구의 섬집이 유자나무를 경계로 듬성듬성 아무렇게 놓여 있다. 민박을 하는 50대 부부에게 짐을 맡기고, 섬을 한 바퀴 돌았다.

가까이 보이는 '외도해상농원'은 자연미와 인공미의 조화 속에서 아름다움을 자랑한다. 하지만 여기 지심도는 산과 바다,

자연 그대로의 아름다움이 살아 숨쉬며 그 자태를 뽐내고 있다. 신의 손길로 만들어낸 오솔길. 두 사람이 손을 꼭 잡고 겨우 걸을 수 있는 동백 숲 터널. 울창한 상록수림 속에서 들려오는 동박새 노랫소리. 바닷속으로 빨려들 것 같은 느낌을 주는 전망대. 긴 세월, 파도의 아픔을 견디면서 만들어낸 해식애. 쪽빛 바다 위에 넘실넘실 춤추고 있는 작은 어선들. 떼떼이 모여 사랑을 나누며 자맥질을 하고 있는 갈매기들.

모든 게 어린 시절 마음속 도화지에 그려 보았던 그 섬이다. 저 멀리 태평양에서 달려온 바람은 세파에 찌든 가슴을 뻥 뚫고 지나간다. 수평선을 부처처럼 깔고 앉은 구름송이는 탐욕으로 가득 찬 나의 혼을 빨아 당긴다. 따사로운 햇빛이 머리위를 비춘다. 마음을 비웠다. 욕심과 자만심이 사라지면서 다시 태어난 기분이다.

좋다! 마냥 좋다. 이제는 '닭 대신 꿩'이다. 1시간이면 충분한 산책로를 2시간 넘게 넋을 놓고 걸었다.

해 질 무렵, 민박집 아저씨는 '뜰채낚시'라는 특이한 낚시 방법을 보여주었다. 긴 대나무 5개와 그물을 이용하여 큰 뜰채를 만들었다. 뜰채를 바다에 던져 놓고, 그 위에 크릴이나 홍합부스러기 같은 밑밥을 던졌다. 잠시 후, 밑밥을 먹기 위해

물고기들이 모여들었다. 뜰채를 들어 올려 퍼덕거리고 있는 물고기를 떨리는 손으로 양동이에 담았다. 해식애가 발달되어 갯바위 낚시가 어려운 지심도에서 전통적으로 내려오는 방법이라고 한다. 덕분에 싱싱하고 맛있는 학꽁치와 벵에돔을 먹었다. 지심도에 어울리는 운치를 추억 속에 담을 수 있었다.

하늘에서 떨어진 별들이 창문 틈 사이로 몰려와 방안을 가득 채운다. 아궁이 속 참나무 장작의 화력이 방고래를 타고 달려온다. 구들장과 새벽에 전달된 불기운은 누런 장판을 암갈색으로 바꾸어 놓았다. 아랫목에 다리를 쭉 뻗고 누웠다. 지심도의 겨울밤은 어머니의 가슴처럼 참 아늑하고 따뜻했다.

동백꽃이 탐스럽게 피어 있는 2월 말, 지심도를 다시 찾았다. 전국에 '동백섬'이라고 불리는 섬이 몇 군데 있지만, 여기처럼 섬 전체를 불타게 만드는 곳은 없다. 다행히 동백꽃들은 지심도가 마음의 고향인 나를 알아보았다. 환하게 웃어주었다. 행여 신발이라도 더렵혀질까 레드 카펫을 깔아 놓고, 축하의 꽃가루를 하염없이 뿌려주었다.

작년까지 지심도를 네 번 다녀왔다. 나는 세월을 흘려보냈지만 지심도는 여전히 그 세월을 잡고 있다. 나를 낳아 준 어머니는 돌아가셨지만, 나를 다시 태어나게 해준 지심도는 아직도 청춘이다. 아, 지심도가 나를 부른다. 분잡하게 살고 있는 나를 부른다. 동백꽃이 흐드러지게 피어오르는 2월이 오면, 지심도를 찾아, '사랑한다!'고 고백해야겠다.

머리카락

죽을 때까지 털은 자란다. 머리카락, 수염, 눈썹, 코털, 몸털 등이 그렇다. 그중 신경을 가장 많이 쓰는 것은 머리카락이다. 가장 높은 곳에 자리를 잡아 눈에 잘 띈다는 이유도 있지만 인상人相의 호불호好不好를 판단하는 데 적잖은 비중을 차지하기 때문이다. 기르고, 자르고, 염색을 하면서 다양하게 머리 모양을 꾸민다. 예쁘고 특이하게 만들어 자신의 개성과 존재감을 나타내려 한다.

머리카락은 여러 분야에서 세간의 관심사로 떠오른다. 불가에서는 머리카락을 '무명초無明草'라 하는데, 이는 세속적 욕망의 상징으로 생각하는 것이다. '신체발부수지부모身體髮膚受

之父母'라는 효의 기본 사상과 을미사변 이후 내려진 '단발령'이 대립되면서 사회적 논쟁거리가 되었던 적도 있다. 과학적으로 머리카락은 사람을 식별할 수 있는 유전자 정보를 갖고 있다. 20~30년간 헤어졌던 혈육이나 범죄자를 찾는 데 결정적인 자료가 된다. 심지어 신체의 영양 상태까지 파악할 수 있다. 머리카락 한 올 한 올이 개개인의 분신이면서 우리의 삶에서 매우 중요한 역할을 한다.

그런데 아버지는 흰머리를 뽑아주면 한 개에 10원씩 준다고 왜 거짓말을 했는지, 여자들은 왜 머리끄덩이를 쥐어뜯으며 싸우는지, 옛날 중고등학교 선생님들은 머리를 왜 기르지 못하게 했는지, 국가에서는 경찰 인력을 낭비하면서 왜 장발을 단속했는지 모르겠다.

젊은 시절에는 머리숱이 너무 많았다. 이발한 지 3주 정도가 지나 바람을 맞으면 양아치 같은 터벅머리가 되었다. 40대 중반이 지나면서 머리가 점점 빠진다는 것을 느꼈다. 머리를 감으면 욕조에 떨어진 머리카락은 검정 실타래를 흩어 놓은 것처럼 보였다. 그래도 넓은 초원에서 양들이 풀을 뜯어먹는 정도로만 생각했다.

50대 중반이던 어느 날. 이발을 하던 중 주인아저씨의 말을 들었다. "사장님도 이제 뒷머리가 훤하게 보입니다."고 말하면서 "거울로 비춰드릴까요?" 했다. 지금까지 내가 대머리가 될 거라는 상상을 해본 적이 없었기 때문에 "됐습니다."라고 대답했다. 아저씨가 너무 과장해서 말했을 거라고 생각하면서도 기분은 내내 언짢았다.

집으로 오자마자 아내의 화장대에 앉았다. 거울을 보면서 핸드폰 카메라에 뒤통수를 찍었다. 아주 조금 빠졌겠지만 40대 후반부터 가발을 쓰는 친구처럼은 아닐 것이라고 위안했다. 미세하게 떨리는 손으로 폰을 두들겼다. '아아!' 사진을 보면서 참담함을 느꼈다. 새카맣게 나와야 할 사진은 달빛을 받은 백사장처럼 훤하게 보였다. 몇 번을 다시 찍으면서 확인했지만 사진의 명암은 바뀌지 않았다.

바로 자리에 누웠다. 아내는 어디 아프냐고 물었지만 조금 피곤하다고 말했다. 그 많던 숱들은 다 어디로 갔을까. 모자를 쓸까. 가발을 할까. 학생 때처럼 머리를 밀어버릴까. 고민을 하던 중 나도 모르게 웃음이 나왔다. 스님처럼 머리를 삭발했던 기억이 어제 일처럼 또렷하게 떠올랐다.

미니스커트와 장발을 단속하던 1970년대 중반. 당시 고등학교에서는 학생들의 머리가 조금이라도 길면 선생님들은 이발기를 들고 다니며 학생들의 머리에 고속도로를 만들었다. 그래서 학생들은 졸업만 하면 머리를 원도 없이 길러야겠다고 마음먹었다. 예비고사를 치른 후, 성인이 된 기분으로 마음껏 피우고 마셨다. 머리도 신나게 길렀다.

통행금지 시간 30분 전. 여느 때처럼 친구들과 당구를 치고 있었다. 갑자기 낯선 아저씨들 서너 명이 들어왔다. 장발 단속을 나온 사복경찰이었다. 친구와 나는 다른 손님 한 명과 함께 끌려 나와 닭장차에 태워졌다. 장발족을 가득 채운 차량이 경찰서를 향해 달리는 동안 아무도 말을 하지 않았지만, 풍기문란죄밖에 짓지 않은 사람들이 사형집행장으로 끌려가는 듯한 억울한 표정이 역력했다.

간단한 신원 조회를 끝내고 영화에서만 보았던 유치장에 들어갔다. 다른 죄를 지은 몇 사람이 이미 구석자리를 차지하고 있었고, 12시가 지나자 통행금지 위반자, 술에 취해 싸운 사람들까지 계속 들어왔다. 떨리면서 무섭고, 답답했다.

머리를 숙인 채 쭈그려 앉아 많은 생각을 했다.

'조선시대 생원도 못된 놈이 뭣 때문에 거추장스런 머리를 기르는가. 전과자가 되는 것은 아닌가. 언제까지 콩밥을 먹어야하나. 나가기만 나가면 이놈의 머리카락을 싹둑 잘라버려

야겠어.'

다음날 아침. 연락을 받은 매형이 나를 인수하러 왔다. 각서를 쓰고 경찰서를 나왔다. 매형은 경찰서 앞 식당에서 국밥과 함께 두부를 주문했다. 매형은 아무 말 없이 두부를 내 앞으로 밀어주었다. 나는 두부를 먹으면서 창피하고 부끄러운 마음에 고개를 들 수 없었다. 집 근처 이발소로 달려갔다. "아저씨, 빡빡 밀어주세요." 여자의 단발머리 같은 긴 머리카락이 바닥으로 푹푹 떨어졌다. 내 마음속에 감춰 놓은 허영심도 함께 사라지고 있었다.

요즘 한 달에 한번 이발소에 간다. 머리가 길면 쉽게 엉클어져서 관리하기 힘들지만 짧으면 정갈하면서 신뢰감을 주는 것 같다. 여자들이 예쁘게 화장을 하고 외출을 하는 것처럼 남자들은 머리가 단정하면 어디를 가든 누구를 만나든 마음이 편안하다. 그래서 나는 머리가 깔끔하게 정리되지 않으면 집 밖으로 나가지 않는다.

내가 샤워할 준비를 하면 아내는 잔소리를 부쩍 많이 한다. "탈모방지용 샴푸를 쓰세요. 머리 감을 때 당기지 마세요. 샤워 후에는 야생초엑기스를 뿌리세요." "그런 걸 한다고 머리카락이 안 빠지고, 다시 자란다면 가발 장사는 굶어 죽겠다."

나는 원래부터 샴푸를 쓰지 않고 비누만 사용한다. 드라이도 하지 않는다. 그렇게 한다고 별난 것도, 이상한 것도 아니다. 그렇다고 머리카락을 관리하기 위한 것은 더더욱 아니다.

머리카락은 열심히 자라다가 수명을 다하면 떨어진다. 우리 인생도 별반 다를 게 없다. 언젠가는 모자도 가발도 필요 없는 순간이 온다. 그때가지 세월에 순응하면서 나의 모양대로 살고 싶다.

멋진 행님

50 중반을 훌쩍 넘어서야 행님의 존재를 처음 알았습니다. 맥이 풀린 일상생활에 허무한 마음을 느끼며, 쓸쓸히 허름한 술집을 찾았을 때, 행님이 그 자리에 서 있는 것을 보았습니다.

행님의 첫인상은 썩 좋은 모습이 아니었습니다.

이마에 메뉴판을 계급장처럼 달고, 검버섯이 피어 있는 얼굴은 외계인처럼 보였고, 괴발개발 갈겨놓은 낙서를 온몸에 휘감고 있는 모습은 아수라왕처럼 보였습니다.

연거푸 쓰디쓴 소주잔을 털어 넣으며 괴로움을 토할 때, 앞자리에 서 있던 행님은 누런 이빨을 보이며 입을 열었습니다.

"그렇게 잘나가던 놈이 오늘은 우째 혼자 왔노?"

"행님아, 이제 이 못난 놈 주변에 사람들이 자꾸 없어진다. 와 그렇노?"

"괜찮다. 인생은 어차피 혼자 왔다 혼자 가는 거잖아."

"행님, 니는 친구가 많아서 좋겠다."

"아이다. 나도 왕따다. 내하고 이야기하고 놀아주는 새끼들은 없는기라."

"행님은 와 맨날 거 서 있노?"

"내가 여 없으모 이 집도 없다. 내가 겉껍데기는 시원찮아도 중요한 존잿기라. 그라모 니는 와 사는데?"

"내는, 휴우… 모르겠다. 그냥 산다."

"아무리 하찮은 것이라도 나름 지가 있어야 할 자리가 다 있다."

"그렇나?"

"니도 가정과 사회의 중요한 사람이다. 꼭 필요한 사람인기라."

"아, 아야. 아아악!"

"행님아, 아프나. 와?"

"저 뒤쪽에… 즈그끼리 싸우면서 내 옆구리를 주먹으로 쎄게 치고 있네."

"내가 가서 때리지 마라 하까?"

"아이다. 치는 지도 아프다. 내는 자주 맞아봐서 쪼메만 참으면 된다."

"그래도 너무 시끄럽고 쎄게 친다 아이가. 내가 가서 뭘쿠고 오꾸마."

"가지 마라. 은자 니도 저런 쓰잘데기 없는 이바구나 해꾸지를 그냥 흘려보낼 나이잖아? 나이가 오십 개 넘었으면 맞을 거 맞고, 보낼 거 보내고 그리 살아라."

"알았다. 안 아프나? 씹은 쐬주나 한 잔 주까?"

"그래. 한 잔 주바라. 근데 내는 팔이 없다 아이가. 그냥 내 몸띠에 뿌리삐라."

"알았다. 자, 뿌린다."

"흐음… 매일 냄새만 맡다가 처음으로 한 잔 무보이 달곰쌉살하네. 한 잔 더 주봐라."

"행님아, 처음에 술을 잘못 배우면 죽는데이. 단디해라. 자, 반 잔 만 주꾸마."

"어흐… 인간들이 술 처먹고 비실거리는 이유를 인자 알겠다.”

“행님아, 내 오줌 좀 누고 올께.”

“거 가모 우리 동생이 있다. 인사 땡기라.”

“아이고, 여는 와이리 좁노. 찌릉내가….”

“야, 술집 밴소가 다 그렇다 아이가.”

“터질 것 같아서 변기통에 못 맞추겠다.”

“아무데나 싸라.”

“니, 얼굴에?”

“다른 놈들도 다 그리 한다. 내 낯짝이 누런거 안 보이나? 맘 놓고 힘껏 싸라. 얼마나 쌘고 함 보자.”

“니는 밤만 되면 짜증나겠네?”

“짜증? 음… 대신 다른 즐거움도 있다.”

“뭔데? 아아! 그거. 히히히… 좋겠네.”

“행님아, 동생 상판대기가 디게 찌들어서 영 아이더라.”

“나주라. 가는 그게 지 팔자다.”

“행님은 무슨 낙으로 사노?”

“낙. 별거 없다. 10년이나 20년에 한 번씩 새 옷으로 바까 입는다. 그거 뿌이다."
"그렇게 오래 기다리나?"
"기다림. 그게 우찌보모 세상에서 제일 큰 즐거움인기라."
"무조건 기다리는 것은 너무 지루하다 아이가?"
"지루함을 즐기면서 기다리면 언젠가 더 큰 행복이 꼭 올기다."
"알겠다. 캬아, 벌써 두 병이나 묵었네. 갈게."
"심심한데 더 묵고 가라."
"마음은 그런데, 인자 더 무모 이놈의 몸띠가 말을 안 듣는다. 내도 다 됐다."
"내일도 논다 아이가?"
"바쁘다. 오라는 데는 없어도 갈 데는 많다."
"그거는 좋은 기다. 바쁘게 살아라."

그 행님은 성형도, 식이요법도 안 했는데, 얼굴과 몸매가 자꾸 좋아지고 있습니다.
이마에 메뉴판을 계급장처럼 달고, 검버섯이 피어 있는 얼굴은 백전노장처럼 보이고, 괴발개발 갈겨놓은 낙서를 온몸에 휘감고 있는 모습은 패셔니스타처럼 보입니다.

세월이 야속하고 허허한 마음이 들 때면 거울 앞에서 매무새를 손질합니다.
그 행님보다 더 멋지게 보이고 싶습니다.

점

얼굴에 점이 많았다. 몇몇 친구들은 나를 '점돌이'라 부르기도 했다. 크고 작은 점, 길쭉하고 튀어나온 점까지 생긴 모양새도 다양했다. 목욕을 하면서 때수건으로 빡빡 문질러도 보고, 미백화장품을 여러 번 발라 보기도 했지만 점은 지워지지 않았다. 점이 땀처럼 흘러내려 옷으로 감출 수 있는 부분에 정착하거나, 머리카락처럼 빠지기라도 했으면 좋으련만.

점은 유전이나 여드름 때문에 생길 수 있다고 한다. 내 점의 생성 원인은 그렇지 않다. 중고등학교를 다니면서 역마살을 이기지 못해 온 천지를 쏘다녔다. 집에 혼자 있는 것보다 바깥으로 돌아다니는 게 더 좋았다. 내 몸속의 멜라닌 색소와 바깥

세계의 자외선이 자주 만나면서 만들어진 결과물이 점으로 남아있다. 어쩌면 질풍노도의 시기를 힘들게 체험한 대가로 받은 훈장일 수도 있다.

40대 중반. 점을 빼기 위해 아내는 수영로터리에 있는 성형외과로 향했고, 나는 피부과의 문을 두드렸다. 피부를 찢어서 점을 제거하는 성형외과보다 레이저를 사용하는 피부과가 덜 무서울 거라고 생각했다. 점을 빼는 견적도 많이 나왔지만 점을 다 빼면 내 얼굴이 없어질 것 같은 기분이 들었다. 보기 흉하고 큰 것들만 선택하여 시술을 받았다. 살이 타는 냄새와 함께 미간을 찡그려야 하는 고통이 10분 정도 계속되었다. 덕분에 얼굴이 많이 말끔해졌다. 많은 점들이 흔적도 없이 사라졌지만 터미네이터처럼 다시 살아난 놈도 몇 개 있다.

얼굴을 100등분하여 점이 난 곳의 위치에 따라 '얼굴점관상'을 보는 관상쟁이도 있다. 관상이나 사주에 자신의 미래를 맡긴다는 것은 하늘에서 돈벼락이 떨어지기를 기대하는 허영심과 같은 마음이다. 피나는 노력과 대가 없이는 행복도 없다. 점쟁이는 자신의 미래도 알지 못한다.

지인들 중에 내 얼굴의 점을 더 뽑으라고 말하는 사람도 있다. 나를 어여쁘게 생각하는 조언은 고맙지만 그렇게 하기는 싫다. 요즘 샤워를 하고 거울을 보면 점들이 눈에 잘 띄지도 않고, 보이더라도 그렇게 흉하지 않다. 내 얼굴에 남아 있는 점들은 나를 상징하는 아이콘으로 인식하는 사람들도 있을 것이다.

종류는 다르겠지만 사람마다 감추고 싶은 신체부위가 한군데 정도는 있을 것이다. 그렇다고 그것을 다 잘라내고, 고치고 할 수는 없다. 눈, 코, 입, 귀의 모양이 사람마다 다른 것처럼 점의 유무와 위치, 대소를 그대로 인정해주어야 한다.

나이를 먹으면서 외모보다 사람 됨됨이가 훨씬 더 중요하다는 생각이 든다. 눈에 보이는 모양이나 색깔보다 속에 감춰 놓은 마음씨가 고운 사람이 더 예쁘다.

외모를 고치는 것보다 내 마음속에 숨어있는 욕심이나 불신 같은 점을 제거할 수 있으면 좋겠다. 그 점은 어느 병원에서 어떻게 제거하는지 모르겠다.

꽃놀이패

바둑은 스포츠다. 스포츠는 경쟁과 유희성을 가진 신체운동 경기를 말한다. 바둑은 그것을 갖추고 있으면서 머리 회전을 활발하게 해주는 게임이다. 비록 신체의 접촉은 없지만 상대방과의 두뇌 싸움은 격투기의 격렬한 몸싸움만큼 치열하게 벌어진다. 361개의 점 위에서 펼쳐지는 전투는 한 수씩 번갈아 가며 착수하는 경우의 수에 따라 승부의 우열이 결정된다.

나의 바둑 실력은 5~6급 정도에 불과하다. 가끔 기분을 전환하고 싶을 때 인터넷으로 바둑을 두지만 승부에 집착하지는 않는다. 이제 급수와 승부에 집착할 나이는 지났다고 생각한다. 다만 바둑이 글을 써야 한다는 압박감과 긴장감을 해소

할 수 있는 청량제 역할을 해준다는 것은 분명한 사실이다.

바둑은 흑과 백이 겨루어 '집'을 많이 지은 쪽이 이기는 게임이다. 바둑 한 판에서 발생하는 흥망성쇠와 희로애락은 마치 인생의 여정과 흡사하다. 그래서 '바둑은 인생과 같다'고 말한다. 과욕과 자만심을 가지면 바둑이든 인생이든 실패하기 쉽다는 것이다. 유리한 판세를 안일하게 생각했다가 막판에 역전 당한 경험이 여러 번 있었다.

집을 많이 차지하기 위해 싸우다 보면 '패覇'라는 것이 발생한다. 패는 서로 한 수씩 걸러 가면서 상대의 집을 잡으려고 하는 한 집 싸움을 말한다. 그 한 집으로 부분적 사활이나 전체 승패를 결정지을 수 있기 때문에 패는 매우 중요하다.

패의 종류 중에 '꽃놀이패'가 있다. 한쪽은 패에서 지더라도 손해 볼 것이 없지만 상대방은 패에서 지면 큰 타격을 입는 패를 말한다. 손해 볼 것이 없는 사람은 마치 꽃놀이를 하는 기분으로 싸울 수 있기 때문에 '꽃놀이패'라는 이름이 붙여졌다. 이렇든 저렇든 간에 손해 볼 것이 없는 경우를 '꽃놀이패를 잡았다'고 말한다. 일상생활에서 꽃놀이패를 잡고 즐기는 사람은 '갑甲'의 지위에 있고, 갑의 즐거움 속에 피해를 보는 사람은 '을乙'의 신분을 가진 서민들이다.

편의점에서 3개월 동안 야간 알바를 했다. 장사는 잘되는 편이었지만 30대 중반의 젊은 사장은 고민이 많았다. 본사에서는 잘 팔리지도 않는 물건을 예사로 떠넘기고, 건물주는 '장사가 잘되니 월세를 올려 달라'고 계속 요구한다는 것이다. 그는 을의 입장에서 푸념을 털어 놓았지만 진짜 을인 알바생의 마음은 읽지 못했다.

출근 시간이 조금이라도 늦으면 시급을 깎았다. 정산 후 금액이 차이가 나고 납품 받은 물품이나 재고가 부족하면 걸레를 씹어 먹은 표정을 지으며 성깔을 부렸다. 알바생이 배상을 하겠다는 말을 스스로 하지 않을 수 없도록 만들었다. 그렇게 하지 않으면 더 이상 아르바이트를 할 수 없었다. 본사나 건물주에게 스트레스를 받는다고 말하는 사장도 직원들에게 갑질을 하고 있는 것이다.

친구 S는 작년에 학교에서 명퇴를 하고 아파트 경비원으로 일하고 있다. 자존심을 버리고 즐겁게 열심히 일하려고 마음을 단단히 먹었다. 따뜻한 마음을 가진 주민들이 많지만 음식물 쓰레기를 대신 처리해 달라거나 택배 배달 같은 사사로운 일을 시키는 입주민도 가끔 있다고 한다. 원하는 일을 들어주지 않으면 "개가 주인 말을 잘 들어야지."라는 폭언과 삿대질을 하면서 갑질을 하는 주민도 있다고 넋두리를 늘어놓았다. S는 6개월도 지나지 않아 경비원을 계속해야 하는지를 고민하고 있다.

아파트 경비원의 나이는 최소한 60이 넘은 사람들이다. 나이를 떠나 우리가 살고 있는 아파트 전체의 안전을 위해 일을 하고 있다. 개인의 고민이나 불편함을 대신 해결해주는 사람이 아니다. 가정과 자신의 행복을 위해 좀 더 일하고 싶어 하는 경비원에게 우리 스스로가 갑질을 하고 있는 것이다.

얼마 전, 국회에서 청소 일을 해왔던 노동자들이 정직원으로 고용되었다는 반가운 소식이 언론의 화젯거리가 되었다. 그동안 그들은 용역업체 관리소장에게 기합도 받고 땡볕에 집합을 당하는 수모도 겪었다. 용역회사의 갖은 횡포와 탄압을 하루하루 힘겹게 버텨왔다. 고난과 시련을 이겨 내면서 많은 청소노동자들이 바라는 정규직이 되었지만 그들은 여전히 을이다.

청소노동자들은 일 자체가 육체적으로 힘들지만 그것보다 사람들의 따가운 시선으로 인한 정신적인 고통이 더 힘들다고 말한다. 쓰레기를 배출한 사람들이 쓰레기를 치워주는 청소노동자들을 '냄새나는 사람, 더러운 사람'으로 취급하고 있다. 그들은 '수고한다. 고맙다.'는 말은 바라지도 않는다. 그냥 똑같은 사람으로 바라봐주기를 바랄 뿐이다. 쓰레기를 버리는 우리 스스로가 갑질을 하고 있는 것이다.

'갑'은 사회적 강자인 자신의 우월한 지위를 악용해 약자인 '을'을 노예처럼 부려 먹는다. 마음에 들지 않거나 말을 듣지 않으면 언제든지 해고시킬 수 있고, 언제든지 새로운 사람을 채용할 수 있는 꽃놀이패를 손에 쥐고 있다. 자신이 갖고 있는 패를 마음껏 활용한다. 갑이 무심결에 휘두르는 권력에 의해 힘들게 사는 알바생, 경비원, 청소노동자들이 우리 주변에 얼마나 많은가. 돈과 시간을 빌미로 인간의 노동력을 로봇이나 기계처럼 취급할 권리는 누구에게도 없다.

어떤 집합체도 개인의 힘만으로 움직일 수 없다. 크든 작든, 중요하든 아니든 모든 사람들이 짐을 조금씩 분담해야 한다. 작은 버팀목이 모여 어린 나무를 바르게 성장시키듯이 구성원 하나하나가 각자의 위치에서 사회를 떠받치고 있는 중요한 역할을 하고 있다. 거기에 특권층과 서민이 따로 있을 수 없다. 바둑판에서 검은 돌과 흰 돌이 평등한 것처럼 '갑'과 '을'도 똑같은 인간으로 존중하고 대접받아야 한다.

갑과 을이 서로 손을 잡고 같은 방향으로 나갈 때 꽃놀이패의 즐거움을 함께 누릴 수 있는 건강한 사회가 될 것이다.

나의 애첩愛妾

애소愛燒는 아직 젊고 예쁩니다. 그녀의 시조始祖는 페르시아인 입니다. 칭기즈 칸의 손자가 한반도에 진출했을 때, 우리나라에 정착하며 살기 시작했습니다. 이제는 완전한 우리나라 사람이 되었습니다. 하지만 제사상을 차리는 곳에서는 아직도 문전박대를 면치 못하고 있습니다.

애소의 집안 가훈은 서민들과 희로애락을 함께하자는 것입니다. 사회적 약자에게 친밀하고 아낌없는 사랑을 나누어 주려고 불철주야 노력하고 있습니다. 그렇다고 정계에 입문하려는 마음은 추호도 갖고 있지 않다고 합니다. 그래서 나는 그녀를 더 좋아합니다.

내가 약관보다 더 어린 나이에 포장집 희미한 전등 아래서 애소를 처음 만났습니다. 청명하고 순결한 그녀는 조금 차가운 인상이었지만 대화를 할수록 따뜻한 매력이 넘쳐흘렀습니다. 말 한마디 한마디에 핏줄을 타고 흐르는 짜릿함을 느꼈습니다. 촌철살인 같은 힘으로 갑갑한 속을 뻥 뚫어 주었습니다. 젊은 패기와 용기를 앞세워 그녀를 하룻밤에 두세 번 이상 만나는 날도 있었습니다. 이제 육십갑자의 '갑甲'을 기다리는 이놈의 몸뚱어리는 아직도 불혹인 그녀를 감당할 수가 없습니다.

사람들은 그녀에게 예쁜 별명을 많이 붙여주고 있습니다. 이슬처럼 영롱하다고 참이슬, 첫 만남처럼 만나자고 처음처럼, 만나면 즐겁다고 좋은데이, 근심거리를 날려 준다고 시원이. 그녀는 성격이 원만해 많은 열매와 잘 어울려 놀기도 합니다. 사과 포도 배 딸기 매실 살구 자두 앵두 밀감 오이 모과 구기자. 그러나 나는 혼자 있는 애소가 좋습니다. 다른 친구들과 섞여 있으면 시끄럽고 머리가 아픕니다.

애소는 심리상담사 자격증을 갖고 있습니다. 힘겨운 군에서의 제대, 사랑하는 사람과의 결혼, 회사에서 승진하는 기쁨을 나누는 시간에 그녀는 행복을 두세 배 증폭시켜 줍니다. 첫사랑의 아픔, 부모님과 이별하는 슬픔, 수십 년 만나온 동료들과 헤어지는 아쉬움을 느낄 때, 오로지 그녀만은 우리 곁을 지켜주면서 새로운 희망과 도전정신, 자신감을 심어줍니다. 애소는 우리의 영원한 멘토입니다.

애소는 항상 녹색 옷을 입고 있습니다. 자신의 마음이 깨끗하고 순한 여자라는 것을 보여주기 위해서입니다. 음식은 아무거나 잘 먹습니다. 어린 시절에는 새우깡, 건빵, 쥐포, 라면을 좋아했고, 성인이 되어서는 김치, 족발, 고갈비, 짬뽕 국물을 좋아했습니다. 나이를 먹으면서 식성이 바뀌어 지금은 생선회, 두부김치, 부대찌개, 닭볶음, 골뱅이 무침, 등을 다 좋아합니다. 그래서 허리와 엉덩이의 사이즈가 똑같습니다.

애소는 마술사입니다. 신기하게도 자신의 신체를 7개의 조각으로 나눌 수 있습니다. 그래서 두 사람이 나누어 가지면 모자라고, 세 사람, 네 사람, 다섯 사람, 여섯 사람이 나누어도 모자랍니다. 일곱 사람이 나누어 가지면 너무 작습니다. 그러면 그녀는 다시 몸을 합쳐서 새 모습으로 사람들 앞에 나타납니다. 사람들은 그녀의 그런 변신을 놀라워하지 않습니다.

애소는 아내와 달리 잔소리를 하지 않습니다. 나는 집에서 서열이 4위에 불과하지만 그녀는 항상 나를 왕처럼 대접해줍니다. 내가 인근에 사는 맥양麥孃과 바람을 피워도 묵묵히 지켜만 봅니다. 오히려 같이 어울리기도 하면서 잘 놀아줍니다. 1주일 만에 그녀를 만나러 가더라도 짜증도 내지 않고 방긋 미소를 지으며 반겨줍니다.

나는 애소를 밤에만 만납니다. 그렇다고 그녀가 야행성은 아닙니다. 낮에는 열심히 일하면서 볼일을 보고, 시간이 나면 언제든지 만나러 오라고 그녀가 부탁을 하기 때문입니다. 적당한 시간이 지나면 집에 일찍 가라고 합니다. 내가 싫어서 그런 것은 아닙니다. 본처가 조금은 무서워서 그럴 겁니다. 그러면서 진한 이별의 키스를 보내줍니다. 황홀함에 빠진 나는 비실비실 집으로 갑니다.

애소를 가슴에 품고 집에 가는 날이면 아내는 웃어줍니다. 이제 아내도 애소를 인정해줍니다. 그리고 나의 옷과 양말을 벗겨주고는 거실로 나갑니다. 나는 시끄럽고 격렬한 밤을 애소와 함께 보냅니다. 새벽에 눈을 뜨면 애소는 어디론가 사라지고 없습니다. 아내가 친정이나 여행을 가고 없으면 나는 애소를 안방으로 부릅니다. 그동안 미뤄왔던 깊은 사랑의 이야기는 밤이 새는 줄을 모르고 이어집니다. 그녀도 이제 옹녀 같은 힘은 사라지고 많이 약해져 있습니다.

애소는 기쁘게 만나서 즐겁게 대화하는 사람을 제일 좋아합니다. 그런데 좌석이 끝나기도 전에 평생 지울 수 없는 사고를 치는 몰상식하고 파렴치한 인간들이 너무 많습니다. 그녀에게 볼 면목도 없고 변명할 여지도 없습니다. 그녀에게 아낌없는 사랑을 한 없이 받은 내가 선물한 것은 고작 해장국밖에 없습니다. 이제라도 인삼 녹용을 챙기며 그녀에게 좀 더 가까이 가고 싶지만 이미 때는 늦었습니다.

애소야!

이제 추억의 앨범을 덮어야겠다. 너와의 이별을 앞둔 나의 마지막 소원을 말해야겠구나. 세상을 떠나는 전날 밤, 너를 힘껏 부둥켜안고 마지막 힘을 다해 사랑을 나누고 싶구나. 덧붙여서, 내가 밤마다 별을 헤아리며 지루하게 누워 있을 때, 계절에 한 번쯤은 나를 찾아 와 주렴. 나를 무겁게 덮고 있을 메마른 잔디 위에 너의 달콤한 눈물이라도 뿌려주려무나. 그것은 40년을 함께한 첩으로서 너의 당연한 의무가 아니겠니.

윤회설에 따라 내가 다시 태어난다면 애소와 또 다른 사랑을 나누고 싶습니다.

사랑스러운 그녀

밤새 내리던 비가 활짝 갠 아침. 베란다 너머, 사관생도들처럼 오와 열을 맞춰 도열해 있는 무리 속에 그녀의 모습이 내 눈에 확 들어온다. 하얀 피부와 유연한 곡선의 이마가 단아하다. 햇빛을 반사하며 자신의 존재감을 표출한다. 선물 받은 까만 염주를 목에 걸고 한 남자를 기다리고 있다. 그녀를 만난 지도 벌써 10년이다. 그동안 중년의 희로애락을 함께하면서 아무 불평 없이 따라다녔다. 가끔 그녀에게 묻는다. 나를 사랑하는지. 그녀는 아무런 말도 하지 않는다. 아마도 나처럼 부끄러워 대답을 못하는 것일 게다.

그녀와 처음 만나던 날. 그녀를 한산한 골목길로 끌고 갔다.

거추장스런 투명 옷을 벗겨내고 앞머리와 뒷머리를 올려주었다. 두 팔을 쩍 벌려 참새를 기다리는 허수아비 자세를 만들었다. 돗자리를 폈다. 배, 사과, 밀감을 한 접시에 담고 명태포, 실타래, 시루떡과 함께 놓았다. 촛불을 켜고 막걸리 한 사발을 부어 혼례상을 차렸다. 북향 사배를 올렸다. 나는 막걸리 반 잔을 들이켜고, 그녀의 가슴과 다리에 남은 술을 뿌리며 말했다. "너와 같이할 세월 동안 무탈했으면 좋겠다." 그녀가 대답했다. "제가 몇 년을 살지 모르겠지만 죽을 때까지 당신과 함께하고 싶어요." 그렇게 굳은 맹세를 하면서 우리는 서로를 허락했다.

그녀가 사는 집은 지하 2층, 지상 1층짜리 다세대주택이다. 집 크기와 모양, 실내장식이 똑같다. 정해진 호실이나 문패가 없기 때문에 아무 곳이나 들어가면 된다. 나는 가끔 빨간색 옷을 입은 남자 옆에 그녀의 거처를 마련해준다. 그녀가 빨간색을 좋아하기 때문이다. 정열적으로 보인다나…. 아직 남자 경험이 많이 없어서 그럴 것이다. 허우대만 멀쩡한 놈이 힘도 센 줄 알고 있다. 아침에 만나서 잘 잤냐고 물으면 그냥 배시시 웃기만 한다.

그녀의 생활비는 한 달 평균 30만 원 정도다. 밥값, 관리비,

보험료, 주민세가 기본이다. 알뜰살뜰 잘 사는 편이다. 나이가 들면서 건강검진을 일 년에 두어 번 받는다. 그 비용이 점점 늘어나는 것 같다. 재작년에 마트에 함께 가다가 갑자기 몸을 떨면서 신음소리를 내기 시작했다. 급하게 지정병원으로 데려가 전문의를 만났다. 단순한 감기몸살인 줄 알았다. 정밀검사 결과 '혈액순환장애'라는 판정을 받았다. 원인을 알 수 없는 이물질이 그녀의 몸속에서 돌아다니고 있었다. 대수술을 하면서 하루를 병원에 입원했었다. 그때 들어간 병원비가 100만 원 가까이 나왔다. 퇴원을 하고 집으로 오면서 우리는 아무 말도 하지 않았다.

그녀는 소박하게 살고 싶어 한다. 그래서 낯선 사람들의 카메라에 자신의 모습이 찍히는 것을 좋아하지 않는다. 자태가 아름다운 자신의 모습을 오래 간직하기 위해 매캐한 담배 연기도 싫어한다. 그녀를 제일 짜증나게 만드는 것은 내가 술내를 풍기는 것이다. 30년 만에 만난 고등학교 친구와 고주망태가 되도록 마시고 그녀의 손을 잠깐 잡았다. 그녀는 1년간 나를 거부했다. 독한 여자라는 것을 늦게야 알았다.

그녀는 여행을 좋아하는 남자를 만나서 전국으로 싸돌아다녀야 했다. 동해로, 서해로, 남해로. 그녀가 좋아하는 여행은 봄꽃이 만발한 곳, 단풍이 붉게 물든 곳이 아니다. 보길도, 청산도, 거문도 같은 섬 여행을 하는 것이다. 다른 친구들이 경험하기 어려운 큰 배를 타고 바다를 건너면서 편하게 쉴 수 있기 때문이다. 너무 좋아서 울렁울렁 춤까지 추면서 섬 여행을 즐긴다.

7년 전 막내아들이 군 생활을 하던 강원도 양구를 찾아갔다. 그녀도 내 마음을 알았는지 속도를 내며 시속 165Km까지 달렸다. 새로운 기록이었다. 서로 호흡이 잘 맞는 콤비라는 것을 느끼며 내내 흐뭇한 미소를 지었다. 1주일 후, 그 신기록을 달성한 기념사진이 집으로 날아왔다. 그래도 기분은 나쁘지 않았다.

그녀의 여섯 번째 생일날, 내비게이션을 선물했다. 환하게 웃으며 좋아했다. 생일 선물이라는 의미도 있지만, 그동안 어두운 밤길, 길도 없는 논길, 막다른 골목길을 거꾸로 달리면서 자신의 몸이 찢어지는 아픔을 여러 번 경험했기 때문일 것이다. 나이가 들면서 생기는 그녀의 건망증과 복잡한 도로에서 목표물을 빨리 찾아야 하는 두통거리가 없어졌다. 갱년기도 사라졌다. 목소리가 훨씬 더 낭랑하게 들려온다. 지금은 편안하고 안전하게 목적지를 찾아갈 수 있다.

비 오는 날이면 그녀는 빗물에 몸을 씻는다. 바람 불고 낙엽 지는 날에는 시골 장터를 돌아다니는 각설이처럼 희뿌연 화장을 한다. 한복에 운동모자를 쓴 것처럼 꼴불견이다. 밥을 먹인 뒤 간단하게 샤워를 시켜준다. 그러면 얼굴이 빤지르르 본모습으로 돌아온다. 일 년에 두 번 정도는 대중목욕탕에 데리고 간다. 내가 할 수 없기 때문에 목욕관리사에게 의뢰를 한다. 나를 처음 만나 합환주를 마실 때처럼 머리를 올리고 구석구석 때를 씻어낸다. 마사지도 받고 영양 크림도 바른다. 아우라 같은 광채를 발산한다. 사람들이 그녀를 사랑스럽게 바라본다. 나는 자랑스러운 그녀의 남자다.

그녀는 언제든지 마음을 열어준다. 내가 아내와 다투고 집을 나왔을 때, 조용히 쉬면서 음악을 듣고 싶을 때, 심신이 피로할 때 나를 반긴다. 그녀의 품에 길게 누워 눈을 감는다. 어머니의 품속에서, 자연의 품속에서 한참을 자고 일어난 듯하다. 현실의 모든 골칫거리가 사라지고 정신이 맑아진다. 그런 그녀에게 진정한 사랑을 주지 못했다. 그래도 그녀는 심순애처럼 변절하지 않았다. 솔직히 나도 그녀를 사랑하는 마음은 일편단심이다.

10년의 세월은 언뜻번뜻 흘러갔다. 그녀는 나에게 헌신하면서 인생의 8부 능선을 훌쩍 넘겼다. 예고된 이별의 아픔을 흐르는 세월로 조금씩 나누어야겠다. 죽음 직전의 환자를 보살피는 호스피스가 되어 그녀의 손을 잡고 싶다. 그녀가 눈을 감기 전 새끼를 하나만 낳았으면 좋겠다. 그녀가 떠난 뒤에도 그녀를 꼭 닮은 또 다른 그녀와 함께 나머지 삶을 같이하고 싶은 마음이다. 나의 작은 바람일 뿐이다.

밤새 비를 맞으며 못난 남자를 기다리고 있는 그녀에게 얼른 가봐야겠다.

폐선廢線을 걸으며

기찻길이 죽었다. 소리 없이 죽었다. 낭만과 추억의 상징이었던 동해남부선의 해운대~송정 구간이 역사 속으로 사라진 것이다. 지난 2013년 12월 1일, 한국철도공사의 복선화 계획에 따라 나이 여든에 마침표를 찍었다. 이제 그 흔적만 남아 있다. 한때는 시골 아낙네들과 꽃다운 청춘들의 꿈과 희망을 들을 수 있었지만, 이제 행락객들의 발길을 기다리는 신세로 전락했다.

부산~경주간의 동해남부선은 우리나라에서 유일하게 바다를 볼 수 있는 임해철도선이다. 그중에서도 해운대 미포와 송정 구간을 달릴 때는 마치 기차가 바다 위를 달리는 듯한 환상적인 분위기에 사람들의 탄성을 자아내게 만들었다. 지역민과 여행가, 작가, 예술가들이 사랑하던 구간이었다. 그래서 더 아쉬워하는 사람들이 많은 것 같다. 한동안 미포, 송정 구간의 철도 폐선 부지를 상업지역으로 개발하거나 아파트를 지을 거라는 말이 많았다. 부산시는 풍관을 즐길 수 있는 자연친화형 여가 공간으로 꾸밀 예정이라고 발표했다. 개발과 보존의 싸움은 진행형이다.

죽은 자는 꿈이 없다. 폐선도 그럴까. 궁금한 마음에 미포에서 송정까지 4.8㎞를 걸었다. 버려진 선로의 과거 현재 미래를 생각하면서 2시간 가까이 기찻길을 밟았다. 아이들은 침목 사이를 건너뛰며 즐거워한다. 젊은 연인들은 손을 잡고 철길 위를 걷는다. 어르신들은 지압 삼아 자갈밭을 천천히 걸으며 지나간 세월을 떠올린다. 어디에도 포함되지 않는 나는 침목과 철길, 자갈밭을 오가며 스쳐 지나간 인연들을 생각한다. 달맞이길에서 내려온 조깅족들과 합류가 되면서 조금 분잡해졌지만 다들 밝은 표정이다. 그들은 3포(미포, 청사포, 구덕포) 해안 길을 일주하는 것이 목적일 것이다.

잠시 쉬면서 오던 길을 돌아보았다. 그림처럼 보이는 해운대 해수욕장은 은빛 물결을 빤짝거리며 자신이 바다라는 것을 알리고 있다. 그 뒤로 동백섬, 신도시의 마천루, 광안대교와 이기대가 가물가물 보인다. 사람들이 각자의 포즈를 취하며 사진을 찍는다. 나는 사진사 역할을 몇 번 해주면서 작은 화면 속에 담겨있는 사람들의 행복한 미소를 보았다. 혼자 걷는 길이지만 외롭지 않다. 짝을 마주보면서 평행선만 달리는 폐선도 외롭지 않을 것이다.

철모르고 기찻길에서 뛰어놀던 어린 시절도 생각난다. 초등학교 시절. 마산에는 북마산역, 구마산역, 신마산역, 중리역이 있었다. 그중에서 구마산과 신마산을 오가는 철길은 우리의 놀이터 공간에 포함되어 있었다. 철로 위를 빠르게 오래 걷기. 한 쪽에서 반대쪽으로 건너 뛰어 바로서기. 새까만 기름으로 얼룩진 침목에서 멀리뛰기. 밀어내기 등을 하면서 놀았다.

저 멀리서 자기 영역을 알리는 기차불통 소리가 들려온다. 한 쪽 귀를 철로 위에 얹어 놓고는, '덜커덩 덜커덩, 칙칙폭폭 칙칙폭폭' 소리의 고저를 듣는다. 얼마나 기차가 가까이 왔는지 경험과 감으로 알 수 있다. 미리 준비해 놓은 못이나 병뚜껑을 철로 위에 올려놓고 침을 많이 발라 둔다. 잽싸게 철길을 내려와 귀를 막고 낮은 포복 자세로 기차가 지나가기를 기다린다. 몇 차례의 굉음과 시끄러운 소음들이 빠르게 사라진다.

침 발라 놓은 철로 주변으로 뛰어올라가 오징어보다 더 납작해진 못과 병뚜껑을 찾았다. 그 못으로는 지남철을 만들어 놀았다. 납작해진 병뚜껑으로는 딱지처럼 따먹기를 했고, 구슬처럼 부의 상징물로 소장했다.

그때는 철길이 어디까지 뻗어 있는지 몰랐다. 다만 나도 어른이 되면 기차를 타고 마음속에 상상하던 환상의 마을로 달려갈 수 있을 것이라는 생각을 했었다.

나는 동해남부선 열차를 두 번 탔었다. 초등학교 5학년 때 경주 수학여행과 군 입대 전, 친구들과 울산 정자해수욕장에 캠핑을 가기 위해서였다. 수학여행 때는 계란과 사이다를 사 먹던 생각이, 캠핑을 갈 때는 기타 반주에 맞춰 노래를 부르던 것 이외는 특별한 기억이 없다. 그저 기차를 타고 여행을 간다는 것이 좋았을 것이다. 40년 가까이 지나 그 선로 위를 걷고 있는 지금이 더 즐겁고 그 기찻길이 더 아름답게 느껴진다.

폐선을 덮고 있는 짧은 터널에는 군데군데 들풀들이 자라고 있다. 터널을 빠져 나오면 야생화들의 환한 웃음을 볼 수 있다. 서너 채 모여 있는 어촌마을 사람들은 그물을 손질한다고 바쁘다. 청사포의 갈매기들은 창공을 가르며 사랑을 속삭인다. 구덕포에는 연기가 피어오르고 고기 굽는 냄새가 풍겨

온다. 송정해수욕장에는 젊은 대학생들이 가득하다. 달맞이 언덕의 해월정은 따사로운 햇빛을 받아 폐선을 향해 밝은 빛을 반사시키고 있다. 이역만리에서 달려온 맑고 훈훈한 바람이 폐선을 감싸고 돈다. 기차는 떠나고 없지만 새로운 희망이 모여들고 있다. 폐선은 완전히 죽지 않았다. 아직 꿈틀거리고 있다.

얼마 전 철도시설공단은 미포~송정 구간의 개발을 위한 민간 사업자 공모 절차를 진행 중이라고 발표했다. 2017년까지 폐선부지를 시민공원으로 꾸미겠다고 약속했던 부산시도 찬성하고 있다. 지역주민을 비롯한 많은 시민 단체에서 개발계획을 강하게 반발하고 있다. 이제 우리 모두의 힘을 보태야 할 때인 것 같다. 사망선고를 받고 매장 위기에 처해있는 폐선을 부산 시민들의 인공호흡으로 살려내야 한다. 탁상공론과 조삼모사 정책을 밥 먹듯 하는 정치꾼들에게 시민의 힘을 보여주어야 할 것이다.

영화 〈박하사탕〉에서 '설경규'가 그랬던 것처럼 나도 폐선 위에서 부산 시민들에게 고함을 지르고 싶다.

"나 다시 돌아갈래!"

4.
장미 한 송이

군대스리가

군대에서 축구를 많이 한다. 군인들이 강인한 체력과 전투력을 겸비하기 위한 하나의 수단이다. '군대'와 독일의 축구 리그 '분데스리가'를 합성하여 만든 신조어, '군대스리가'라는 말도 군인과 축구가 불가분의 관계임을 입증하는 용어일 것이다. 여자들은 남자들의 군대이야기와 축구이야기를 싫어한다. 더 싫어하는 것은 '군대에서 축구한 이야기'라고 한다. 불현듯 여자들이 그렇게 싫어하는 군대에서 축구한 이야기가 생각난다.

어릴 적부터 공을 가지고 노는 운동을 좋아했다. 그중에서도 축구는 중학교 1학년 때까지 내 인생의 중요한 부분이었다. 쉬는 날에는 해가 뜨기 전, 학교 운동장에 가서 축구를 하고, 오전 11시경 집으로 돌아와 아침을 먹었다. 조기축구회 아저씨들은 15명 정도의 우리 또래들에게 개인기와 전술을 많이 가르쳐 주면서, 다른 초·중학교 축구부와의 시합도 여러 번 주선해 주었다. 승률은 50%가 채 안 되었지만 오합지졸치고는 꽤 괜찮은 편이었다. 본격적으로 축구를 계속하고 싶은 마음도 있었지만, 키가 작은 데다가 가정 형편상 운동을 계속할 수 없다는 것을 알았기 때문에 포기했다.

20세의 불타는 청춘을 뒤로하고, 78년 10월 20일부터 창원 39사단에서 전반기 훈련을, 경기도 연천에 있는 25사단에서 주특기 교육을 받았다. 훈련보다 더 힘든 것은 산 넘어 북한군이 있다는 공포감과 12월의 혹독한 추위였다. 철책근무가 무섭고 힘이 든다는 말도 들었지만, 그래도 군인답게 열심히 생활해야겠다고 다짐을 했다.

12월 24일. 나머지 군대 생활, 31개월을 복무해야 하는 부대로 배속되었다. 고참병들은 철책선 바로 아래 조그마한 연병장에서 축구 시합을 하고 있었다. 우리 동기 4명은 더블백을 벽에 기대어 놓고, 대나무 꼬챙이보다 더 빳빳하게 서 있었다.

전반전이 끝나면서 고참병 한 명이 우리가 있는 곳으로 왔다. "어이, 신병들. 축구 할 수 있는 사람?" "예!" 나와 동기

한 명은 반사적인 대답과 함께 손을 번쩍 들었다. 동기와 나는 군화를 신은 채 후반전에 바로 투입되었다. 아이고…, 이거는 축구가 아니라 전투 그 자체였다. 실력이고 나발이고 다 필요 없다. 축구공이 있는 곳에서는 계급에 관계없이 육박전이 벌어지고 있었다.

우리 팀은 페널티킥의 기회를 얻었다. 고참병들은 이구동성으로 나를 키커로 지목했다. 군화, 인상을 쓰고 있는 상대편 골키퍼, 등 뒤에서 지켜보고 있는 우리 편 고참병들의 눈총을 느끼면서, 처음으로 '야아, 축구가 이렇게 힘든 거구나.'라는 생각을 했다. '에라, 모르겠다. 이판사판이다.' 힘껏 공을 찼다. 가까스로 골은 넣었지만 우리 팀은 2:3으로 지고 말았다.

그게 끝이 아니었다. 시합에서 진 우리 팀은 최고 고참병을 필두로 어딘가로 가고 있었다. 나도 따라가야만 했다. 개울가를 조금 내려가니 큰 웅덩이가 나왔다. 일병들은 호박만 한 돌을 들고 와서 꽝꽝 얼어붙은 웅덩이의 두꺼운 얼음을 깨트렸다. 모두들 옷을 벗고 있었다. 나는 이유도 모르고, 물어 볼 수도 없이 그냥 따라서 팬티까지 다 벗었다. '참내, 엿 같은 곳에 왔네.' 짬밥 순서대로 얼음물 웅덩이에 들어가 10초 정도를 있다가 나오면 자동적으로 다음 사람이 들어가는 정신무장 훈련이었다. 나는 웅덩이에 들어간 시간보다 마지막 순서까지 기다리는 시간이 더 떨리고 무서웠다. 오히려 얼음웅덩이 물속은 따뜻했다. 다시 팬티만 입은 채 줄을 맞추어 군가를 힘차게 부르면서 연병장으로 돌아왔다. 내무반 뒤에 있는 우물가에서 시원하게 샤워를 하는 것으로 축구 시합이 종료되었다. '다음에는 꼭! 이긴다.'는 깡다구가 생겼다.

1979년 1월 1일. 밤새 내린 눈이 온 세상을 하얗게 만들었다. 고참병들은 지긋지긋한 눈을 보면서 치를 떨었지만 나는 백설왕국에 온 기분을 느꼈다. 철책선 감시 초소 옆으로 난 통행로와 군수물자를 수송하는 차량이 다니는 도로의 제설작업을 마쳤다. 언제 일어날지 모르는 전쟁에 대비하기 위해서다. 오후 시간에 눈으로 덮인 연병장에서 축구 시합을 했다. 이번에는 통일화를 신고, 다리가 부러질 각오로 쌔가 빠지게 뛰었다. 얼음웅덩이에 다시 들어가기가 싫었다. 다행이 우리 소대가 2:0으로 이겼다. 그런데 상대편 소대원들은 얼음웅덩이로 가지 않았다. 군가를 힘차게 부르면서 연병장을 열 바퀴 정도 돈 후, 내무반으로 들어갔다. 시원섭섭했다.

철책생활 10개월이 바람처럼 지나갔다. 우리 부대는 최전방(GOP)에서 일반 예비부대(FEBA)로 위치를 바꾸었다. 어느 일요일. 인근에 있는 수색대에서 축구를 잘하기로 소문난 우리 중대에 도전장을 보내왔다. 그것도 그냥 친선경기가 아닌, '단팥빵, 새우깡, 음료수, 각각 1박스'의 내기를 걸었다. 수색대가 아무리 덩치가 좋고, 운동을 잘한다손 치더라도, 평소 많은 훈련으로 탄탄한 조직력과 단결력을 갖춘 우리 중대를 이길 수는 없었다. 당연히 우리가 3:1로 이겼다.

다음 일요일. 이번에는 2박스를 걸고 재도전을 해왔다. 쉽게 생각한 우리 중대는 0:4로 지고 말았다. 얼마나 얼차려를 받았는지 모르겠지만, '이겨야 한다.'는 강한 정신력으로 달려드는 수색대원들에게 우리는 속수무책이었다. 이단옆차기, 돌려차기, 주먹치기, 박치기로 덤비는 상대를 막을 수가 없었다. 시합이 끝나고 우리 팀은 입술이 터지고, 코피를 흘리고, 다리를 절뚝거리고, 어깨와 허리 통증을 느끼는 선수가 절반은 넘었다. 때문에 다른 정신무장훈련을 할 수가 없었다. 그 후로 내가 제대할 때까지 수색대와 축구 시합은 없었다.

군대스리가는 '전투체력 훈련'이다. 거기에 모든 운동이 그런 것처럼 강한 정신력을 요구한다. 군대스리가를 더욱 활성화시켜 현재 복무중인 우리 군인들이 좀 더 강한 체력과 정신력을 겸비했으면 좋겠다. 그러면 언제, 어디서 북한군이 남침을 하더라도 쉽게 물리칠 수 있을 것이다. 하지만 나날이 보도되고 있는 군대와 관련된 사건 사고 소식을 들으면 조금 걱정스런 마음을 금할 수가 없다.

남대문 사건

남대문(숭례문)이 '국보 제1호'라는 것은 누구나 아는 사실이다. 문화재 관련 부처에서 '1호'는 관리 번호에 불과한 것일 뿐 특별한 의미가 없다고 말한다. 하지만 일반 국민들은 숫자 '1'이 갖고 있는 상징성 때문에 대한민국을 대표하는 문화재라고 생각한다. 그래서 2005년 많은 보물을 보존하고 있는 낙산사 화재 때보다 2008년 남대문 방화사건 때 우리는 좀 더 아쉬워했다. CNN을 비롯한 외국 언론의 보도가 나가는 화면을 보면서 몹시 부끄러워했다. 누군가 대한민국의 영혼에 불을 지른 것이다.

수도 서울을 지키는 중요한 보물이 남대문인 것처럼 남자에게도 가장 중요한 곳을 지키는 '남대문'이 있다. 그 남대문은 남자들의 자존심이다. 그 문은 특별한 경우를 제외하고는 꼭꼭 잠겨 있어야 한다. 실수로 그 문을 열어 놓고 시내를 활보하다가 지인에게 지적을 받았다고 상상해 보자. 남대문 화재 사건보다 더 큰 수치심을 느끼게 될 것이다. 남대문이 열리는 사건은 주로 추운 겨울에 많이 발생한다. 냉방 같은 화장실에서 시원하게 볼일을 보고 몸을 떨면서 급하게 나오기 때문이다. 여고 교사시절 겪고 들었던, 지금도 얼굴이 화끈거리게 하는 기억이 생각난다.

15년 전 12월 초. 급한 공문을 처리하다 수업 시작 시간 10분을 넘겼다. 교과서와 출석부를 챙겨 교실로 급하게 올라가고 있었다. 화장실이 더 급했다. 화장실에서 후다닥 일을 마치고 시끄러운 소리가 들리는 교실 문을 확 열었다. 늦어서 미안하다는 표정을 지으며 교단 위로 올랐다. 교탁 위에 교과서를 던져 놓고, 옆으로 한 발짝 나와 출석 체크를 했다. 나의 정면 바로 앞에 앉아 있던 여학생이 '히히' 웃으면서 책으로 얼굴을 가렸다. 잠시 후, 옆에 있던 짝꿍도 같은 표정을 지었다. 나는 그 학생들에게 조용히 하라는 눈치를 주었다. 교과서와 노트를 검사하면서 교실을 한 바퀴 돌았다.

앞쪽에 앉아 있는 학생들이 뭔가 수군거리며 어수선했다. “야! 인마.” 나는 고함을 지르며 이마에 주름을 잡고 인상을 한 번 썼다. 교과서를 들고 다시 교실을 돌면서 수업 내용을 간단하게 설명하고, 판서를 시작했다. 교실 전체가 술렁거렸다. 휙 돌아서며 중간에서 제일 많이 떠들고 있는 여학생을 불러냈다. 손바닥을 세게 한 대 때리고 들어가라고 했다. 한 대 맞고도 싱글벙글 웃으며 들어갔다. 잠시 조용해졌다.

판서를 계속했다. 다시 웅성거리며 시끄럽다. 나는 교재를 교탁 위에 집어던졌다. “야! 너희들, 운동장에 나가서 단체기합 받을래?” 조용해졌지만, 학생들의 시선은 내 몸을 공격하고 있었다. 다시 분필을 잡으려는 순간 교탁 앞에 앉아 있던 여학생이 얼굴을 붉히며 “문… 문.”이라고 조용히 말했다. “문이 왜?” 나는 고함을 지르며 출입문을 보았다. 날씨도 추운데, 내가 들어오면서 문을 꽉 안 닫고 들어왔었다. 입구에 앉아 있는 학생에게 “야, 문 닫아라.”고 명령했다. 입구 쪽 학생이 문을 닫았는데 나머지 학생들이 박장대소를 하며 난리가 났다.

다시 분위기를 잡고 판서를 했다. 또 시끄럽다. 도저히 참을 수가 없었다. 입에서 욕이 나오려는 순간이었다. 교탁 앞에 있던 아까 그 여학생이 노트 한쪽 모서리를 찢은 메모지를 교탁 위에 올려놓았다. "뭐야?" 나는 인상을 더럽게 쓰면서 메모지를 뚫어지게 쳐다보았다. 'Sir. 남대문!' 순간 얼굴이 화끈거렸다. 몸을 교탁 중앙으로 잽싸게 숨겼다. 고개를 숙여 확인했다. 열려 있었다. 조용히 올렸다. 너무 부끄러워 정신을 차릴 수가 없었다. 학생들은 좋다고 책상을 치며 야단법석을 피웠다. "남은 시간 조용히 자습해라." 지루하게 남아있는 20여 분을 교실 뒤편에서 서성거렸다. 종이 치기 무섭게 빠른 동작으로 교실 문을 열고 나왔다. 조심스럽게 문을 잘 닫았다.

생물을 가르치는 동료, '이 선생' 이야기. 이 선생도 화장실에 들렀다가 남대문을 열어둔 채 교실에 들어갔다. '멘델의 유전법칙'에 관한 간단한 판서를 마치고 본격적인 설명을 시작했다. 추운 날씨 때문에 양쪽 손을 바지 호주머니에 넣고 교탁에 서서, 가끔은 교실을 돌면서 설명에 열중했다. 그러면서 이 선생은 호주머니에 있는 양쪽 손을 당겼다 밀었다를 계속했다. 펄렁거리는 검정색 바지 속에 흰색 내의가 보였다 안 보였다가 반복되고 있었다. 학생들이 책상을 두드리며 웅성거리기 시작했다. 생물교과 남자선생이 여학생 교실에서 바바리맨처럼 남대문을 열었다 닫았다를 반복하면서 돌아다닌 것을 상상해보자. 교실이 얼마나 뒤집어졌겠는가.

전설처럼 내려오는 다른 여자고등학교 국어선생님 이야기. 그 선생님은 왼손으로 국어 책을 들고 설명을 하면서 오른손은 바지주머니에 넣고 수업을 하는 특징이 있다. 그 바지주머니 오른손에는 항상 뭔가를 만져야 하는 습관을 갖고 있었다. 화장실에서 볼일을 보고 담배도 한 대 피웠다. 오른쪽 바지주머니에는 일회용라이터를 넣었다. 교실에 들어갔다. 남대문은 이상이 없었다. 라이터를 만지면서 수업을 진행했다. 더 강한 손맛을 느끼기 위해 작은 도르래 모양의 휠과 버튼을 반복적으로 돌리면서 눌렀다. 한참을 수업하던 중, 국어선생님은 "으악!" 하는 비명소리와 함께 교과서를 던지고 교실 밖으로 뛰어나갔다. 바지주머니에 불이 붙은 것이다. 다행히 큰일은 없었지만 자칫하면 남대문이 전소 될 뻔했던 사건이었다.

남자들은 화장실을 나오기 전 손을 씻고 거울을 본다. 정작 제일 중요한 곳은 확인하지 않는다. 지금 그곳으로 고개를 숙여 확인해 보자. 한 번의 실수는 큰 낭패를 불러올 것이다. 모두가 조심해서 '남대문 개방사건', '남대문 방화사건' 같은 일들이 두 번 다시 발생하지 않도록 해야겠다. 우리의 남대문은 우리가 지키자.

총무는 괴로워

매달 일정표에 붉은색 동그라미가 두세 개씩 그려져 있다. 깨알 같은 글씨로 시간과 장소도 적혀 있다. 가족 친인척, 동창회, 계, 동호회, 카페 등의 각종 모임이 빈번하다. 그중 회원들의 참여율이 좋아서 지속적으로 발전하는 모임도 있지만 그렇지 않은 경우도 있다. 모임의 목적 달성과 화기애애한 분위기를 만들기 위해서는 회장보다 총무의 역할이 더 중요한 것 같다.

보통 모임에 가면 성격이 원만하고 먹고 살만한 사람에게 총무를 맡긴다. 시간적 여유도 조금 있어야 한다. 성격이 모가 나거나 너무 잘난 사람이 맡으면 모임이 시끄러워진다. 궁핍하게 살면 모임을 생각할 겨를도 없을 뿐만 아니라 모아둔 회비가 부도 처리되는 경우도 발생할 수 있다.

총무가 해야 할 일은 너무 많다. 모임 장소와 시간 결정, 참석인원 파악, 회비징수, 경조사 통보, 장부정리 등이다. 그렇다고 특별한 혜택은 없다. 모임의 활성화와 화합을 위한 희생정신 하나만 갖고 임무를 수행한다.

작년, 부산에 거주하는 고등학교 동기회 총무를 맡았다. 분기별로 모인다. 9월, 세 번째 모임 날짜가 다가오고 있었다. 회장과 의논을 하여 광안리 바다가 보이는 전망 좋은 횟집으로 모임장소를 정했다. 이미 개설되어 있는 카톡 채팅방을 통해 30여 명의 회원들에게 통보를 했다. '수고한다' 'OK' '그날 봅시다' '간만에 한잔하자' 참석하겠다는 답글이 줄을 지어 올라왔다. 나도 모르게 흐뭇한 미소를 지었다.

적어도 20여 명은 참석할 것 같았다. 하지만 과거의 경험에 비추어 15명 안팎으로 참석인원을 예상했다. 지인이 운영하는 횟집에 전화를 걸어 기세등등하게 테이블 4개를 예약했다. 특별서비스 요리까지 요청했다. 모임 1주일과 하루 전에 다시 채팅방에 글을 올려 참석을 독려했다.

총무는 30분 전에 미리 가서 좌석을 확인하고, 회원들을 맞이해야 한다. 약속 시간 안에 4명이 왔고, 10여 분이 지나서 3명이 왔다. 2시간 동안 씁쓸한 소주를 마시면서 입구 쪽만 계속 바라보았지만 더 이상의 회원은 오지 않았다. 테이블 2개도 채우지 못했다. 주인의 서비스 안주는 계속 나왔지만 나는 부끄러워 얼굴을 들 수 없었다. 손님이 아닌 죄인처럼 7인분만 계산하고 나왔다.

총무가 괴롭고 힘든 것은 일이 많아서가 아니다. 회원들이 정해진 약속과 규칙을 지키지 않는다는 것이다. '깜박했다.' '급한 일이 생겼다.' '애가 갑자기 아파서.' 그런 말은 누구나 다 알고 있는 거짓말이다. 회원 상호간에 신뢰가 무너진다면 누가 총무를 맡으려 하겠는가. 큰 약속도 중요하지만 작은 약속도 소홀히 해서는 안 된다.

오늘, 모임에 참석하겠다는 약속을 하고 불참했다면 '다음에는 1등으로 갈게.', 참석하고 집으로 돌아왔다면 '총무야, 수고했다.'라는 메시지를 꼭 보내주어야 한다. 그것으로 총무는 모든 괴로움을 잊고 다음 모임을 준비할 수 있다.

쎄시봉 공연

'쎄시봉(C'est si bon)'은 1970년대 서울 무교동에 있었던 유명한 음악감상실 이름이다. '훌륭한, 아주 멋진'이란 뜻으로 프랑스의 샹송 제목에서 가져온 말이다. 봄꽃 축제가 한참인 4월의 주말. 부산 벡스코 오디토리움에서 열린 '쎄시봉 공연'을 관람했다. 관객 중에는 30, 40대도 적잖게 눈에 띄었지만, 50, 60대가 대부분이었다. 바쁘고 정신없이 돌아가는 디지털 세상에서 잠시 벗어나 아날로그의 정서와 기분을 함께 공감할 수 있는 무대였다.

1970, 80년대 우리가 좋아했던 노래가 솔로와 합창으로 이어졌다. 진행은 이상벽이 맡았다. 아쉽게도 내가 제일 좋아하

는 송창식은 오지 않았다. 김세환, 윤형주, 조영남이 각자의 히트곡 〈사랑하는 마음〉, 〈우리들의 이야기〉, 〈딜라일라〉, 등을 차례로 불렀다. 이상벽의 구성진 입담, 김세환의 깔끔한 외모와 매너, 윤형주가 직접 만든 추억의 CM송 따라 부르기, 두 번의 이혼 경력을 자랑하는 조영남의 활기찬 공연. 제일 앞좌석에서 관람하는 나는 무대 속으로 빨려들어가 정신을 차릴 수 없었다.

모든 관중들은 손뼉을 치며 노래를 따라 불렀다. 학창시절로 돌아가 추억의 운동장에서 그리운 사람들과 한바탕 웃으면서 목청껏 소리를 질렀다. 가끔은 일어서서 몸을 흔들었다. 모든 근심거리를 잊고 새로운 활력을 찾을 수 있었던 소중한 시간이었다. 추억은 가장 좋은 음식이고 보약이라는 것을 공연을 보면서 새삼 깨달았다.

사실 1970, 80년대를 풍미했던 추억의 가수들은 쎄시봉 이외에도 수없이 많다. 김정호, 김현식, 서유석, 양희은, 이장희, 전영록, 최백호 등등. 다만 그들은 고인이 되었거나 활동을 하고 있지 않을 뿐이다. 그래도 그들은 현재 중년을 달리고 있는 많은 사람들에게 꿈과 희망을 심어준 고맙고 감사한 사람들이다.

나도 누구 못지않게 그들을 좋아했던 세대다. 고교시절 공부를 하기 위해서가 아니라, 〈별이 빛나는 밤에〉, 〈밤을 잊은 그대에게〉 같은 라디오 프로를 듣기 위해 밤잠을 설친 적이 많았다. 예쁜 엽서를 만들어 신청곡도 몇 번 보냈다. 이제나저제나 신청곡이 나올까 가슴 조이며 기다리던 시절. 지금 생각해 보면 쓸데없는 짓거리였지만 당시에는 그것이 크나큰 행복이었다.

대입 재수를 하면서 외곽 지역에 있는 음악다방에서 DJ 알바를 2주 정도 했다. 나름 장발에 도끼빗을 꼽고, 유연한 손놀림으로 LP판을 뽑으면서 손님들의 신청곡을 찾아내었다. 가볍고 부드러운 멘트와 함께 볼륨의 강약을 조절하면서 음악을 내보냈다. 대학 다니는 친구들, 처음 보는 젊은 남녀들이 부러움과 선망의 대상으로 나를 바라보았다. 나 자신이 너무너무 자랑스럽고 대단하다고 생각했다. 자다가도 웃음을 짓게 만드는 추억 중의 하나다. 그래도 친구들은 가끔 그 이야기를 하면서 좋아한다.

윤형주는 〈두 개의 작은 별〉이라는 노래를 부르기 전, 자신과 재종형제간인 시인, 윤동주에 관해서 잠깐 언급했다.

"그 형은 별을 무척 좋아했다고 합니다. 일본 후쿠오카 형무

소에서 생체실험용 생리식염수 주사를 맞고 숨을 거두었습니다. 시신을 수습하기 위해 당숙과 저희 아버지가 일본으로 건너갔습니다. 형이 돌아가신 지 열흘 만에 겨우 시체를 찾았습니다. 시신을 고향에 묻기 위해 배를 타고 부산에 도착했고, 다시 기차를 타고 만주 연변까지 운반하는 데 오랜 시간이 걸렸습니다. 연변에 도착하여 관을 열어보니 윤동주 시인은 뼈만 앙상하게 남아 있었다고 합니다."

이야기를 들으면서 나도 모르게 눈가에 눈물이 고였다. 잠시 후 한 줄기가 볼을 타고 주르륵 흘러내렸다. 행여 주변 사람들이 눈치채지나 않을까 하는 창피함에 손을 얼굴에 가져갈 수 없었다. 눈물을 머금은 채 〈두 개의 작은 별〉을 힘차게 따라 부르면서 두 손을 흔들었다.

집으로 오면서 생각했다. 즐겁고 흥겨운 장소에서 나는 왜 눈물을 흘렸을까. 나는 평소 애국심이나 국가관이 투철한 사람이 아니다. 윤동주의 국가를 사랑하는 마음. 생체실험용 주사를 맞았을 때의 고통과 서서히 엄습해 오는 죽음의 공포. 그 고초 속에서도 조선총독부에 대한 비판과 자아성찰을 소재로 끝까지 시를 쓴 작가 정신. 아들의 시신을 고향까지 운반하면서 느꼈을 아버지의 비통함.

나는 그렇게 할 수 없다. 하찮은 수필 몇 편 적고 어깨를 우쭐대고 있다. 윤동주의 삶은 나에게 가슴이 찢어지는 충격으로 다가왔다. 자기중심적 사고방식에 자리 잡은 이기적이고 비열한 마음이 부끄러움의 결정체를 만들었을 것이다.

1970, 80년대는 내가 중고등학교와 대학을 다녔고, 33개월의 군대생활을 했던 시절이다. 젊은 청년들이 국가의 미래를 걱정할 때, 나는 음악을 좋아했다. 민주주의와 자유, 데모라는 단어는 나의 관심 밖이었다. 오히려 색안경을 끼고 그들을 바라보았다. 대중가요나 팝송을 하나 더 아는 것이 그저 자랑스러웠다.

돌이켜 생각해보면 조금 부끄럽기도 하다. 윤동주처럼은 아니더라도, 적극적으로 참여하지는 못하더라도 손 하나, 발 하나 정도는 그들의 마음에 담글 수 있어야 했는데…. 지나간 시간은 다시 돌아오지 않는다.

이제 중년을 넘기면서 내가 할 수 있는 것은 글을 쓰는 것밖에 없다. 그렇다고 멋진 글을 쓸 수 있는 능력이 있는 것도 아니다. 작은 것을 사랑하고 쓰러진 것을 세워주고 버려진 것을 보듬어 주는 마음으로 글을 써야겠다. 누군가에게 삶의 의미를 부여할 수 있으면 좋겠다. 쎄시봉이 우리에게 꿈과 희망을 심어준 것처럼.

쎄시봉 공연은 광활한 글밭에서 헤매고 있는 나에게 방향키를 던져주었다.

장미 한 송이

열대야가 기승을 부리는 한여름 밤. 딱히 할 일도 없고 말을 건넬 사람도 없다. TV드라마를 보는 것은 식상하고, 컴퓨터 게임은 이제 지루하다. 글을 쓰려고 생각하니 머리가 아프다. 글조차 나를 외면한다는 외로움이 가슴을 짓누른다. 습관처럼 휴대폰을 열어 꽃 한 송이를 불러낸다. 마음은 점차 편안해지고 입가에 미소가 번진다.

몇 해 전 6월 말. '신선대神仙臺' 산책로를 따라 올라갔다. 부산기념물 제29호로 지정된 신선대의 사진을 블로그에 올리기 위해서다. 산 정상에서 신선들이 풍악을 울리며 놀았다는 '무제등', 손을 쭉 뻗으면 잡힐 듯 보이는 오륙도와 태종대를 카메라에 담았다. 무거운 짐을 풀고 신선대부두에 정박해 있는 선박에서 한가로운 바다 풍경을 느낄 수 있었다.

반대편으로 내려오는 중이었다. 눈을 빤짝거리게 만들면서 발걸음을 멈춰 세우는 한 폭의 풍경이 보였다. 신갈나무와 개옻나무 아래, 억새와 양지꽃 사이로 그들보다 키가 조금 작은 빨간 장미 한 송이가 양지바른 언덕 위에 피어 있었다.

숲 주변을 몇 번이나 둘러보아도 다른 장미는 보이지 않았다. 이상하고 신기하기만 했다. 왜? 여기에 장미 한 송이가. 누가 오늘 아침에, 아니면 어제, 다른 곳에 피어 있는 장미를 꺾어 이곳에 꽂아놓은 것일까. 조화인가.

궁금한 마음에 언덕을 올라 장미 앞에 쭈그리고 앉았다. 향기를 맡으면서 잔잔한 가시가 나 있는 줄기를 만져보았다. 십중팔구 조화라고 생각했는데 생화가 틀림없다. 주변의 야생초처럼 땅속 깊숙이 뿌리를 내리고 있다. 가족도 없이 친구 아닌 친구들과 어울리며 혼자 잘 자라고 있다. 대견하고 자랑스럽다. 하지만 해가 지고 기나긴 밤이 오면 얼마나 외롭고 쓸쓸할까. 힘들었던 나의 어린 시절을 신선대에 홀로 핀 장미가 지금 겪고 있는 것 같다.

시골에 살던 일곱살 때의 일이다. 어머니가 갑자기 집을 나가셨고, 몇 달 후에는 아버지와 누나도 집에 오지 않았다. 형들은 돈을 벌기 위해 도시로 나가 일을 하면서 일주일에 두세 번 정도 집에 들렀다. 다 쓰러져 가는 집을 지키면서 1년 가까이 살았다. 배가 고프면 동네 아주머니들이 챙겨 주는 식은밥이나 형들이 사 놓고 간 빵과 과자를 먹었다. 마을 형들을 따라다니며 뱀, 참새, 개구리를 잡아먹고, 머루, 다래, 대추를 따먹기도 했다. 그런 시간이 지나면 어김없이 혼자 보내야 하는 밤이 찾아왔다.

나와 잠자리를 함께하던 유일한 친구는 1960년대를 대표하는 흡혈곤충, '이'였다. 그나마 내 몸에 조금 남아 있는 자양분을 그놈들이 흡수해 갔다. 몇 마리를 잡아 경주를 시키고, 제일 빨리 달리는 놈부터 손바닥으로 두들겨 주었다. 그 재미도 잠시였다. 어머니가 보고 싶은 마음에 눈물을 흘리면서 잠들었다. 지금도 내 가슴 한편에 숨어 있는 외로움은 사주팔자가 아닌 스스로 극복할 수 없는 환경에서 만들어진 것이다.

가족도 없이 홀로 피어 있는 장미는 어떤 종류의 외로움을 겪고 있을까. 친구를 만나면 항상 웃는 모습만 보여주었던 나처럼 장미도 자신을 지키고 살아남기 위해 거짓 웃음을 짓고 있는 것은 아닌지 모르겠다.

나비의 더듬이처럼 조심스럽게 빨간 꽃잎을 손가락 끝으로 만져주었다. 빨간 옷을 입은 여자가 엷은 미소를 띠며 나를 유혹하는 듯 보인다. 나는 빨간 옷을 입고 있는 여자를 보면 눈길을 한 번 더 보낸다. 빨간 치마를 섹시하게 흔드는 카르멘과 〈포르 우나 카베자〉라는 탱고 음악에 맞춰 빨간 장미를 입에 물고 도발적인 춤을 추는 여인이 떠오른다. 그 여인을 상상하며 입을 맞추었다. 장미 향이 입안을 가득 채운다.

결혼 15주년 기념으로 아내에게 빨간 장미 15송이를 선물했다. 아내는 말했다. "이런 거 말라꼬 사오노. 돈이나 주지." 그 말을 들은 후 장미가 예쁘게 보이지 않았다. 더 이상 장미꽃을 사지도 않았다. 여름이면 동네마다 흐드러지게 피어있는 장미에게도 눈길을 보내지 않았다.

신선대 언덕에 핀 빨간 장미 한 송이를 만나면서 10년 가까이 끊어진 인연을 다시 이었다. 카메라에 장미의 사진을 여러 장 담았다. 새끼손가락을 걸면서 다시 만날 것을 약속하는 연인처럼 헤어졌다. 몇 번이나 뒤돌아보며 신선대를 내려왔다.

며칠이 지났다. 신선대의 사진을 보충할 겸해서 다시 장미가 있던 곳으로 갔다. 보이지 않았다. 나의 눈과 기억력을 의심하며 주위를 몇 번 둘러보았지만 헛수고였다. 언덕 위로 올라가 야생초를 제치면서 확인했다.

'이럴 수가!'

장미 줄기는 꺾여 있고 새카만 흉터가 번져가고 있었다. 조그맣게 남아 있는 줄기를 보면서 안타까운 마음이 들었다. 누군가 자신의 허리를 꺾을 때 얼마나 큰 고통을 받았을까. 겉으로 강한 척하면서 살고 있는 나도 언젠가 꺾일지 모르는 일이다. 어떻게 살아야 하는가. 답은 떠오르지 않고 머리만 혼란스럽다. 한참을 앉아 있다가 그냥 집으로 돌아왔다.

장미의 사진 중 가장 예쁜 것을 폰에 저장해 놓고 하루에 한 번 이상 들여다본다. 가끔 신선대에 가면 장미가 살던 언덕에 올라가 장미의 추억을 불러낸다. 나의 동반자, 장미의 고향이기 때문에. 장미가 환하게 웃으며 화면 밖으로 튀어나올 것만 같다.

사람마다 외로움을 달래는 방법은 다르지만 나는 장미 사진을 보면서 해결한다. 나를 이해해 줄 수 있는 친구, 그 장미 한 송이가 있다는 것이 얼마나 다행인지 모르겠다. 홀로 왔다가 홀로 가는 것이 인간의 숙명이라고 하지만 장미는 항상 내 곁에 있을 것이다.

장미의 계절이다. 친구의 고향에 한 번 다녀와야겠다.

타향살이

직장 동료 이 선생과 허물없는 사이였다. 그의 부모님은 청도에서 과실 농사를 크게 짓고 계셨다. 수확 철이 지나면 고향에서 가져온 대추, 복숭, 감 등을 지인들에게 조금씩 나누어 주었다. 다른 것도 맛있었지만 특히 대추는 남달랐다. 2㎝가 넘는 굵은 씨알, 짙은 적갈색의 때깔, 입안을 달콤함으로 가득 채우는 느낌은 타 지역 대추의 추종을 불허했다. 입소문이 퍼지면서 동료 교사들은 해마다 50㎏ 이상을 주문하여 나누었다. 나는 5㎏을 구입했다. 아내는 친정 형제들에게 생색을 내거나 물과 대추차를 끓여 먹는 데 사용했다.

퇴근을 하고 이 선생과 횟집에 앉았다. 일상적인 이야기를 하던 중 이 선생은 걱정거리를 털어놓았다. “공무원을 하는 윗동서가 뇌종양 판정을 받았어. 꾸지뽕나무 삶은 물을 마시면 좋다고 하던데.” 나는 당장 마산 외곽지역에서 농사를 짓고 계시는 장인에게 전화 걸어 동네 야산에 꾸지뽕나무가 많이 있다는 답을 들었다. 일요일, 아침 일찍 이 선생의 차를 타고 처가로 향했다. 세 사람이 두 시간 정도의 낫질을 해서 꾸지뽕나무 가지를 두 자루에 가득 채웠다.

달포가량 지난 일요일 오전. 이 선생은 “동서가 병원치료와 꾸지뽕나무 덕분에 많이 좋아지고 있다.”면서 청도에서 가져온 대추나무 묘목 열 그루를 집으로 가져왔다. 다시 장인에게 전화를 걸었다. “여기는 대추 농사가 잘 안 되는 지역인데…. 그래도 한 번 심어보자.”고 하셨다.

대추나무는 성장하는 동안 햇빛을 많이 요구하므로 비탈진 땅의 남쪽이면서 바람이 적게 부는 곳이 좋다. 자갈이 약간 섞여 배수가 잘되고 토심이 깊은 곳, 유기질이 풍부한 모래참흙에서 재배하는 것이 최적이라고 알려져 있다.

대추는 당질과 비타민이 풍부해 건강식품으로 많이 애용한다. 약용과 식용을 겸해 재배되는 대추는 대부분 중부지방에서 생산된다. 남쪽 해안가 지역에서는 대추농사를 거의 짓지 않는다.

장인은 저수지 위 감나무 밭 옆에 여섯 그루, 저수지 아래 논 옆에 네 그루를 심었다. 3년이 지나면서 저수지 아래 네 그루는 모두 죽었고, 저수지 위에서도 한 그루가 죽었다. 그나마 살아남은 다섯 그루도 상태가 그다지 좋은 편은 아니었다. 장인은 농약을 치거나 별도로 거름을 주지 않았다. 대추농사에 대한 경험도 없고 관리를 잘못한 탓도 있겠지만, 고향 청도에서 마산까지 내려와 살면서 타향살이에 대한 서러움을 견디지 못해 자신의 생명을 포기했는지도 모를 일이다.

내가 여덟 살이던 여름에 헤어졌던 가족이 마산에서 다시 합쳤다. 고향 충청도가 아닌 객지 경상도에서 타향살이가 시작되었다. 우리 가족에겐 친척도 없고 아는 사람도 없었다. 부엌 딸린 네 평 정도의 단칸 월세방에서 여섯 식구가 살아야 했다. 가족들은 주인집의 눈치를 보면서 쥐 죽은 듯이 숨을 죽이고 살았다.

한번은 잠을 자다가 호롱불을 넘어트려 불이 났었다. 불은 벽을 타고 올라가며서 많은 연기를 밖으로 내보냈다. 주인아주머니 덕분에 불은 일찍 진화되었지만 큰형과 나는 화마의 재물이 될 뻔했다. 주인집의 잔소리는 날이 갈수록 심해졌다.

속내를 감추고 항상 감사하는 표정을 지으며 살아야만 했다.

내가 혼자 점심을 먹기 위해 집에 오면 동갑내기 주인집 아들은 생선을 반찬으로 따뜻한 쌀밥을 먹고 있었다. 나는 국물 김치와 고추장에 보리밥을 비빈 후, 그 생선 냄새를 반찬 삼아 점심을 먹었다. 밥을 먹으면서 가슴으로 눈물을 흘려야 하는 것이 가난한 자의 서러움이다. 나를 제외한 모든 식구들이 새벽밥을 먹고 생업전선에 뛰어들었지만 빈곤의 터널 끝은 좀처럼 볼 수 없었다.

대추가 타향에 온 지 5년이 지났을 때였다. 살아남은 다섯 그루는 대추나무의 모양과 색깔을 갖추기 시작했다. 뿌리도 튼튼하게 내리고 있었다. 가을에는 푸르른 잎 사이로 열매가 몇 개씩 열렸지만 아직 청도 대추의 맛과는 비교할 수 없었다. 그래도 객지 풍토에 순응하면서 잘 자라는 모습이 참으로 기특했다.

대추는 세월을 먹으면서 인내력과 적응력이 강해졌다. 다시 3년이 지나면서 다섯 그루의 대추는 타향살이의 아픔을 훌훌 털어버리고 감나무보다 더 야무지게 자랐다. 청도 대추만큼 크고 맛있는 열매를 생산하기 시작했다. 처가 자식 4남매가 충분히 먹고 남을 정도다. 햇볕이 따뜻한 가을에 대추를 따러

가면 얼마나 기분이 좋은지 모른다. 옅은 녹색에 적갈색이 피어오르는 때깔은 입에 넣기 아까울 정도로 예쁘다. 바로 옆 감나무는 눈에 들어오지도 않는다.

우리도 타향살이의 기나긴 터널을 통과했다. 어머니와 형들이 피땀 흘리며 열심히 노력한 결과로 3년이 지나 전셋집을, 다시 4년이 지나서는 작은 집을 샀다. 내가 그토록 원하던 공부방과 친구들도 많이 생겼다. 고향 사람들도 마산까지 자주 놀러왔지만 우리 가족은 완전한 마산사람이 되었다.

언젠가 아들이 결혼식을 올리고 폐백을 받을 때, 며느리의 넓은 치마폭에 마산 대추를 한 주먹 던져주고 싶다. 자식을 많이 낳으라는 의미가 아니라 새로운 환경에 적응을 잘하면서 알콩달콩 행복하게 살았으면 하는 마음에서다.

따뜻한 대추차를 마시면서 아파트를 오가는 사람들을 바라본다. 저 사람들 중에 타향살이의 아픔을 겪으면서 힘들게 사는 사람도 많이 있지 않을까.

오어사동종

작년 늦가을. 공장을 운영하는 동서에게서 전화가 왔다. 당일 코스로 바람이나 쐬러 가자는 요청이다. 표현은 안 하지만 무슨 고민이 있는 듯한 목소리다. 평소 지인들과의 여행을 좋아하는 나는 흔쾌히 응했다. 부산에서 적당한 거리에 있으면서 곱게 물든 단풍과 아름다운 풍경을 구경할 수 있는 사찰을 떠올려 보았다. 오래전에 간 적이 있는 포항의 '운제산 오어사吾魚寺'를 최종 목적지로 정했다. 불자가 아닌 일반인들도 힐링을 위해 많이 찾는 사찰이라는 점이 마음을 끌어당겼다.

바다를 보면서 국도를 따라 올라갔다. 도로변 가까이에 있는 골굴사와 기림사를 방문하면서 오어사는 생각지도 않은 삼사

순례의 종착지가 되었다. 대웅전의 창살문을 나오는 보살들의 얼굴에 미소가 가득하다. 무엇을 얻으려는 욕심보다 마음속의 짐을 조금씩 내려놓아서 그럴 것이다. 동서의 가슴에도 스님들의 독경과 목탁소리가 울려 퍼지길 바라는 마음이다.

'내 물고기'란 특이한 이름을 가진 오어사는 신라의 천년 고찰이라는 점 외에도 볼거리가 많다. 사찰 주변을 병풍처럼 에워싼 운제산의 자연경관은 한 폭의 풍경화 속에서 내가 움직이는 것 같은 기분이 들게 만든다. 운제산 꼭대기 절벽에 숨은 그림처럼 박혀 있는 자장암을 아래에서 바라보면 마치 〈몽유도원도〉와 같은 관념산수화를 보는 듯하다. 출렁다리 원효교元曉橋와 너풀너풀 떨어지는 단풍잎을 포근하게 받아주는 오어지吾魚池의 둘레길을 걷는 재미도 쏠쏠하다.

대웅전을 나와 오른쪽으로 몇 발짝 걸어가면 자그마한 '유물전시관'이 나온다. 이곳에는 사찰 발전을 위한 오어사 '계契'와 고승들에 관련된 서적, 원효대사가 사용했다는 삿갓이 보관되어 있다. 무엇보다 내 마음을 단박에 사로잡는 것은 어머니 치마 모양의 '오어사동종'이다. 1㎥ 정도의 유리 상자 안에 보관되어 있는 동종(높이 96㎝)은 보물 제1280호로 지정되어 있다.

팔공산 동화사에서 300근의 청동을 모아 제작된 동종이 1216년 5월 오어사로 왔다. 그 후 특별한 이유 없이 사라졌다가 1995년 11월, 사찰 주변 저수지공사 도중에 발견되었다. 상태가 비교적 양호한 동종은 보존처리과정을 거쳐 다시 오어사에 자리했다. 1736년(영조12년) 오어사가 소실되었다는 기록을 헤아려 보더라도 짧게는 250년, 길게는 700년 넘게 저수지에 수장되어 있었다. 섬세한 문양과 뛰어난 조형미를 자랑하는 동종이 언제, 어떻게 사라졌는지에 대한 기록이나 자료는 물론이고 구전조차 없다고 한다.

동종은 컴컴한 저수지 바닥에 누워 왜 인고의 세월을 보냈을까. 어지러운 세상을 탈피하기 위해 일부러 물속에서 피안의 세계를 즐겼는지. 스님들의 불경 소리를 들으며 고행과 수행을 경험했는지. 활짝 핀 연당초문蓮唐草紋이 하대에 새겨져 있는 것으로 보아 속세와의 인연은 계속 잡으려 했을 것이다. 아마 힘들게 사는 중생들의 번뇌를 온몸으로 받아들이면서 길고 긴 세월을 보낸 것은 아닐까.

종신부의 마주한 두면은 무릎을 꿇고 합장한 보살상이 양팔에서 흘러내린 긴 천의天衣 자락을 좌우로 휘날리며 꽃방석에 앉아 있다. 보살상의 머리 뒤로 구름 꼬리가 길게 이어져 고려

시대 보살상의 특징을 보여준다고 스님은 설명한다. 보살상의 통통한 얼굴과 천진난만한 표정에서 어릴 적 죽었던 동생의 얼굴이 떠오른다.

마산에 살던 열 살 때, 두 살 아래 남동생이 심한 열병을 앓다가 죽었다. 힘들고 어려운 시절이었지만 항상 밝고, 나를 잘 따르던 착한 아이였다. 동생이 심하게 아파하던 다음날 아침, 눈을 뜨니 아무도 없었다. 부모님은 이른 새벽에 동생을 무학산의 아기무덤으로 옮겼다. 그날부터 나는 '막내'라는 계급장을 달고 살아야 했다. 성장하면서 가끔 동생이 생각나면 무학산으로 달려가고 싶었지만 그렇게 하지 못했다.

동생의 꿈은 훌륭한 군인이 되는 것이었다. 군인들이 시가지를 행군하는 모습을 보면 한참을 따라가다가 돌아왔다. 동네 사람의 친인척 중 무전기가 달린 지프차를 타고 오는 군인이 있었다. 가끔 그 차가 마을에 나타나면 차 주위를 잠자리처럼 맴돌며 놀았다. 동생이 살아 있었다면 꿈을 이루었을지 모르겠지만 끝까지 최선을 다했을 것이다. 두 손 모아 합장하면서 동생에 대한 미안한 마음과 그리움을 달래본다.

어린 보살상을 품고 있는 동종에게도 꿈이 있을 것이다. 동화사에서 동종을 제작하여 오어사로 보낸 목적은 종소리를 울려 퍼트려 인간과 세상 만물에 깨우침을 주기 위함일 것이다. 유물전시관이 아닌, 범종각에서 법고, 목어, 운판과 함께 중생을 교화하는 울림을 전하고 싶어 할 것이다. 이제 세상 밖으로 나와 자신의 임무를 수행해야 할 시간이다.

연꽃무늬 모양의 당좌撞座는 당목撞木이 오기만을 기다리고 있는 듯하다. 오어사동종이 자신의 고유한 소리를 언제 낼지 모르겠지만 꼭 한번 듣고 싶다. 어쩌면 에밀레종으로 알려진 성덕대왕신종의 소리와 다른, 맑고 아름다운 맥놀이가 울려 퍼질지도 모르는 일이다.

일주문을 나오기 직전 범종각에 달려 있는 커다란 범종이 눈에 들어온다. 저 자리에 오어사동종이 걸려 있으면…. 아쉬운 마음을 뒤로하고 오어사를 빠져 나왔다.

돌아오는 길에 동서가 운전을 했다. 동서는 마음을 비웠다고 하지만 머릿속에는 새로운 사업을 구상하고 있을 것이다. 그래도 좋다. 하루쯤 욕심을 버렸다면 여행의 목적을 반은 달성하였다. 저수지 바닥에서 긴 세월을 보낸 오어사동종을 생각하면서 한쪽으로 치우치지 않는 중용의 자세로 살아갈 수 있으면 좋겠다.

쥐와 마우스

쥐를 영어로 마우스mouse라 한다. 쥐와 마우스는 같은 말이지만 느낌은 다르다. '쥐'라는 말은 보기가 흉하고 징그러운 모습을 연상시켜 미간이 찌푸려진다. '마우스'는 깜찍하고 예쁜 모습이 생각나 저절로 미소를 머금는다. 주택이나 골목에서 쥐가 튀어나오면 '마우스가 나타났다.'고 말하지 않는다. 컴퓨터 작업 중에 마우스를 움직이면서 '쥐를 만진다.'고 하지 않는다. 분명 같은 말인데 왜 그럴까.

중학교 시절. 우리는 일본식 슬레이트집에서 살았다. 얇은 합판으로 된 천장에는 몇 개의 못만 듬성듬성 박혀 있었다. 밤마다 합판 위에서는 쥐들의 운동회가 두세 번씩 열렸다. 경쟁적으로 달리는 소리, 서로 싸우는 소리, 뭔가를 갉아먹는 소리로 천장을 난장판으로 만들었다. 가족들은 으레 그러려니 생각하면서 잠을 청했다.

세월이 흐르면서 천장과 벽 사이에 틈이 생겼고, 그 틈은 점점 커졌다. 하루는 내가 곤히 자고 있을 때, 얼굴 위에 뭔가 '퍽'하면서 떨어졌다. 나는 '으악!'하는 비명을 지르며 벌떡 일어났다. 고함소리에 더 놀란 주먹만 한 쥐가 후다닥 도망을 가고 있었다. 옆방의 형은 급하게 미닫이문을 열었다. 귀신에 홀린듯한 나의 모습을 한참 바라보다가 아무 말 없이 문을 닫았다. 나는 다시 누워 바로 잠이 들었다.

얼마 전 TV 뉴스를 보다가 깜짝 놀랐다. 1960년대 말, 우리나라에 서식하고 있는 쥐가 8,000만 마리 이상 되었다고 추정하는 보도였다. 그 당시 '쥐약 놓는 날'이 있었다. 전국적으로 '다 같이 쥐를 잡자'는 표어와 포스터가 학교와 마을에 붙었다. 동네마다 앰프방송, 가두방송으로 시끄러웠다. 담임선생님은 잡은 쥐의 꼬리를 잘라서 꼭 학교로 가져와야 한다고 말씀하셨다. 쥐를 못 잡거나, 무서워하는 학생들은 오징어 다리를 연탄불에 새까맣게 태워서 가져 오기도 했다. 그것이 탄로나면 복도에서 무릎을 꿇은 채, 손을 들고 몇 시간을 있었다.

그렇게 혐오스러운 쥐가 어느 날 갑자기 안방에 나타났다. 〈톰과 제리〉라는 애니메이션에서 영리하고 귀여운 쥐(Jerry Mouse)가 등장한 것이다. 고양이 '톰'은 백인 중산층, 기업가, 등의 사회적 강자를, 쥐는 유색인종, 노동자와 같은 약자를 상징했다. '톰'은 '제리'를 괴롭힐 생각과 행동을 하지만, 역으로 괴롭힘을 당한다는 것이 주 내용이다. 비록 몸은 작고, 보잘것 없는 제리가 톰에게 이기는 모습을 보면서 사람들은 좋아했다. 그래도 우리나라 사람들은 제리를 '생쥐'라고 불렀지, '마우스'라고 말하지는 않았다.

'마우스'를 '쥐'라고 부르면 안 되는 계기가 발생했다. '미키마우스'가 나타난 것이다. 월트디즈니사의 마스코트인 동시에 전 세계에서 가장 유명한 캐릭터가 우리나라에 상륙했다. 미키마우스도 데뷔 당시에는 쥐처럼 성격이 급하고 폭력적이었다. 영화를 본 아이들의 부모로부터 항의를 받은 뒤 현재의 온순하고 착한 성격으로 바뀌었다. 아이들은 '미키마우스'란 단어를 들으면, '놀이동산, 같이 놀고 싶다, 사진을 찍고 싶다.'와 같은 긍정적이면서 즐거운 생각을 한다. '미키마우스'를 '쥐'라고 말하면 무식한 인간으로 취급받는다.

'마우스'와 '쥐'의 의미를 완전히 분리시키는 절대강자가 나타났다. 컴퓨터의 부속품인 마우스다. 마우스는 키보드와 함께 컴퓨터의 중요한 입력장치이다. 손으로 늘 만지고 쓰다듬어야 하는 생활필수품이다. 둥글고 작은 몸체에 긴 케이블이 달려 있는 모습이 마치 쥐와 닮았다고 해서 마우스라는 이름을 붙였다.

마우스는 사람의 마음을 컴퓨터에 전달하는 놈이다. 그놈의 왼쪽 부분을 한 번 누르면 사용자의 마음을 결정하는 것이고, 두 번 두들기면 행동으로 옮기는 것이다. 또 오른쪽을 두드리면 그놈이 할 수 있는 메뉴를 보여준다. 사람들이 컴퓨터를 쉽게, 인터넷을 재미있게 할 수 있는 것도 다 그놈 덕분이다. 손가락으로 그놈의 머리만 두들기면 전 세계에 널려있는 하이퍼텍스트와 하이퍼미디어 문서들을 쉽게 만날 수 있다. 그 훌륭한 업적 때문에 사람들은 '마우스'를 감히 '쥐새끼'라고 부르지 못하고 있는 것이다.

12월 9일은 마우스의 생일이다. 올해(2017년) 나이가 49세이다. 미국에는 '쥐 잡는 날'은 없지만 '마우스데이'라는 기념일을 만들어 간단하게 행사를 한다. 이제 우리 곁에 마우스가 없다면 얼마나 불편하겠는가를 상상해 보자.

'미키마우스'나 '컴퓨터 마우스'에서 '마우스'는 사랑스럽고 편리하다는 뜻을 갖게 되었다. 그래서 '마우스'라는 단어를 고유명사처럼 생각하면서 '쥐'라는 단어와 구별하기 시작한 것 같다. 두 단어는 분위기와 어감에 따라 느낌이 달라질 수 있다. 적절하게 선택하여 사용하는 것이 좋겠다.

쥐가 변화하고 있다. '햄스터'를 비롯한 여러 종류의 쥐들이 몇몇 가정에서 애완용으로 사육되고 있다. 의학계가 많은 돈을 투자해 쥐를 실험용으로 사용하는 동안 쥐는 인간의 행복한 삶을 위해 자신의 생명을 초개처럼 던진다. 마우스도 그렇다. 도마뱀처럼 꼬리를 자르는 아픔을 겪으면서 무선으로, 광학으로 변신했다. 더 변해야 된다. 많은 전자기기의 운영체제(OS)가 지문인식을 넘어, 화상인식, 터치스크린과 같은 방법으로 변하고 있다. 빛보다 빠른 속도로 발전하는 디지털세상이다.

쥐는 우리 가족과 10년 넘게 동거하면서 내가 이런 글을 쓸 수 있는 추억을 만들어 주었다. 마우스는 내가 학생들에게 컴퓨터를 가르치면서 10여 년 동안 밥벌이를 할 수 있는 기회를 제공해 주었다. 어쨌든 고마운 일이지만, 앞으로 그놈들의 빠른 변화를 따라 갈 수 있을지 걱정이다.

5.
길고 긴 인연

도플갱어

내가 사는 아파트에서 10분 정도 거리에 '금련사金蓮寺'라는 사찰이 있다. 금련산 끝자락을 배경으로 축구장 크기의 앞마당을 가득 메운 각종 수목과 금붕어, 잉어가 떠놀고 있는 연못이 어우러져 한 폭의 동양화를 연상케 한다. 석가탄신일이나 입시철에는 많은 불자들로 분잡하지만 평소에는 주민들의 휴식처로 더할 나위 없이 좋다. 지루하고 답답함을 느낄 때 가끔 들러서 대웅전 주변을 탑돌이 하는 것처럼 몇 바퀴 돌다가 오곤 한다. 산책이 목적이기 때문에 법당에는 들어가지 않는다.

무더운 여름날이었다. 대웅전을 평소보다 많이 돌면서 피곤함을 느꼈다. 나랑 나이가 비슷해 보이는 은행나무의 그늘 아래 벤치에 길게 누웠다. 스르륵 눈이 감겼다. 꿈을 꾸었다. 꿈속에서도 잠을 자고 있었다.

누군가 나를 발로 차면서 깨웠다. 놀라서 벌떡 일어섰다. 나와 똑같이 생긴 놈이 나의 멱살을 잡았다. 염색으로 흰머리를 감춘 것과 얼굴에 여러 개의 점이 박혀 있는 위치까지 판박이였다. 붉은색 영문자 'DG'가 새겨진 검정색 티셔츠를 입고 있는 것만 차이가 났다. 그는 나의 얼굴과 복부를 가격하면서 양쪽 손을 쇠사슬로 묶었다. 이상한 그놈은 말을 타고 달리면서 나를 개 끌 듯이 잡아당겼다. 땅바닥에 질질 끌려가면서 나의 손목과 무릎, 가슴에는 피가 줄줄 흐르고 있었다.

하염없이 끌려갔다. 네 개의 고개를 넘는 동안 그는 아무 말도 하지 않았다. 바닷가의 조그마한 외딴집에 도착했다. 그가 타고 있는 말은 앞발을 치켜들면서 울음소리를 요란하게 내질렀다. 문이 열리면서 푸른색 교복을 입은 고등학생이 나왔다. 까만 명찰에 '신성준'이라는 이름이 또렷하게 보였다. 나는 피가 흐르는 아픔보다 더 큰 슬픔을 느끼며 고개를 들었다.

42년 전 8월초, 일요일이었다. 그때 나는 고등학교 1학년이었다. 친구 성준과 마산에 있는 '가포해수욕장'에 갔다. 발 디딜 틈도 없이 사람들이 많았다. 성준의 수영 실력은 초보 수준이지만, 나는 다이빙대가 있는 곳까지 갔다 올 수 있었다. 물속에서 같이 수영복을 벗기는 장난을 치기도 하고, 내가 다이빙대에서 배치기를 하면 성준은 멀리서 박수를 치면서 웃어주었다. 점심을 먹고 오후에도 오전처럼 시간을 보냈다. 다이빙을 하고 성준이 놀고 있는 곳으로 돌아왔다. 성준이 보이질 않았다. 주변에서 30분 이상을 찾아도 없었다. 이상한 마음에 탈의실로 달려갔다. 물건 보관함의 자물쇠는 채워진 채 그대로였다. 겁이 났다. 온몸이 부들부들 떨렸다.

수상구조대로 달려가 신고를 했다. 혹시 그늘에서 쉬고 있을지 모르니 찾아보란다. 30분 이상을 미친놈처럼 이리저리 뛰면서 찾아다녔다. 시원한 나무 그늘에서 잠자고 있기만을 기대했다. 없었다. 구조대에 재차 신고를 했다. 그제야 성준을 찾는 방송을 시작했다. 또 30분을 기다렸다. 비로소 익사사고라는 것을 인식한 구조대는 다시 방송을 했다. 바다에서 수영을 하거나 보트를 타고 있는 사람들이 모두 백사장으로 나와야 한다. 사람들은 말을 잘 듣지 않았다. 애타는 내 마음과 달리 사람들은 굼벵이보다 더 느리게 해변으로 나왔다. 시간은 하염없이 흘러갔다.

그물로 연결된 모터보트 2대가 큰 원을 그리면서 바다 밑을

훑어 올렸다. 두 번을 시도했지만 성준은 없었다. 수많은 구경꾼들이 벌벌 떨고 있는 나를 보면서 웅성거리고 있었다. 그 사람들 틈에서 성준이 툭 튀어나왔으면 좋겠는데, 그건 희망사항이었다. 더 큰 원을 그리면서 마지막 3차 시도가 이루어졌다. 사람이 그물에 끌려오고 있었다. 까까머리 남자였다. 가까이 다가왔다. 성준이었다. 성준은 차갑고 깊은 물속에 2시간 넘게 혼자 있었다.

그놈은 말에서 거만하게 내렸다. 성준은 웃으면서 걸어왔다. 나는 오랜만에 보는 성준이 반가웠지만 웃을 수가 없었다. 그는 쇠사슬에 묶인 나의 손과 성준의 손을 잡았다. 그는 내가 알아들을 수 없는 이상한 주술을 걸었다. 나의 심장이 서서히 분해되면서 그의 팔을 타고 성준의 몸속으로 흘러가고 있었다. 나는 아프지 않았다. 그는 다시 이상한 주술을 읊었다. 성준은 교복을 벗어 던지고 손을 흔들면서 하늘로 올라가고 있었다. 나는 두 손을 가볍게 흔들어 주었다.

그는 가슴이 뻥 뚫린 나를 다시 끌면서 달렸다. 오던 길을 되돌아가고 있었다. 고개를 반쯤 넘으면서 숲 속으로 들어갔다. 나뭇가지와 돌부리에 찢어진 나의 피부는 피를 토해내고 있었다. 고개를 돌려보았다. 작은 계곡에서 흐르는 물이 붉은색으로 변하고 있었다. 철조망이 둘러쳐져 있는 오두막집 앞에 멈추었다. 그 집 대문에는 총이 걸려 있었다. 말의 울음소리와 함께 방문이 열리면서 사람이 나왔다. 작대기가 세 개 그려진 군복을 입고 있었다. 파란 명찰에 '최영철'이라는 이름이 보였다. 나는 미안한 마음에 고개를 숙이고 있었다.

34년 전. 내가 말년병장이었을 때 영철은 상병이었다. 최 상병과 나는 상하관계였지만 계급을 떠나서 친하게 지내는 사이였다. 다니던 대학은 달랐지만 휴학을 하고 왔다는 공통점이 있어서 그랬는지는 모르겠다. 우리 집에서는 면회를 한 번도 안 왔지만 대전에 집이 있는 최 상병 가족들과 애인은 한 달에 두 번 이상 면회를 왔다. 그때마다 최 상병 가족은 다시 면회 신청을 해서 나를 밖으로 불러냈다. 군대에서는 밖으로 나가는 것이 최고의 낙이었다. 최 상병의 부모님이나 애인이 가져온 맛있는 음식을 가족처럼 즐겁게 많이 먹었다.

비무장지대에 예초작업이 실시되었다. 물만 먹고 자라는 갈대들은 키가 너무 빨리 자란다. 일정 시기마다 갈대를 잘라주어야 한다. 그래야만 전방 감시가 원활하고 적군의 동태를 쉽게 파악할 수 있기 때문이다. 우리 부대에서 사역병 30명을 선발해야 했다. 최 상병은 제대를 앞둔 병장들을 대신해 선임

병으로 제일 앞장에 섰다. 소대장도 참석했다. 비무장지대에는 6 · 25 때 쌍방에서 뿌려놓은 지뢰가 아직도 수없이 묻혀 있다. 작업 중 '빵!' 소리가 났다. 모두들 달려갔다. 최 상병이 발목지뢰를 밟은 것이었다. 최 상병은 발목이 날아가면서 급히 병원으로 후송되었다.

내가 제대할 때까지 최 상병은 돌아오지 않았다. 제대하고 내려오면서 병문안을 가야겠다고 생각했지만 그렇게 하지 못했다. 복학하기 전에도 만나 봐야 한다고 마음은 먹었지만 실천하지 못했다. 3년 가까이를 아쉬워하며 후회했다. 그리고는 잊어버렸다.

최 상병이 발목에 깁스를 한 채, 목발을 짚으면서 걸어 나오고 있었다. 최 상병은 웃었지만 나는 그렇게 할 수가 없었다. 말에서 내린 그는 자세를 낮추어 나와 최 상병의 왼쪽 발목을 잡았다. 나는 저항하지 않았다. 그의 주문과 함께 나의 왼쪽 발목이 사라지면서 최 상병의 발목이 자라나기 시작했다. 잠시 후 최 상병은 목발을 집어던지면서 점프를 몇 번 했다. 그와 최 상병이 무슨 말을 주고받았다. 최 상병은 나에게 손을 흔들면서 산 아래로 뛰어 내려갔다. 나는 말없이 바라만 보고 있었다.

내 가슴과 한쪽 발목이 없어진 곳에서 피는 흘러 나왔지만 아프지는 않았다. 그는 다시 말의 한쪽 엉덩이를 치면서 속도를 내기 시작했다. 어디로 가는지도 모르고 말발굽에 붙어 떨어지지 않는 잡초처럼 끌려갔다. 캄캄한 허허벌판에 영안실이 나타났다. 어둠 속에 지팡이를 짚고 있는 할머니가 보였다. 할머니는 아무런 표정도 없이 아주 느린 속도로 걸어오고 있었다.

20여 년 전, 40대 초반. 고향 친구들과의 계모임 약속 시간이 10여 분이나 지났다. 버스에서 급하게 내려 사람들로 붐비는 복잡한 도로를 뛰었다. 마침 횡단보도의 녹색 신호등이 깜박거리고 있었다. 화살보다 더 빠르게 달렸다. 중간쯤 건넜을 때, 지팡이를 짚고 굼벵이처럼 느리고 조심스럽게 보도를 건너를 할머니를 보았다. 나의 발걸음은 주춤거렸다.

'아…, 아무리 급해도 할머니와 함께 길을 건너야겠다.'

'아니다. 할머니는 무사히 잘 건너실 거다. 신경 쓰지 말고 빨리 가자.'

몇 초도 되지 않는 짧은 시간동안 어떻게 해야 할지 여러 번의 갈등을 겪었다.

'별 일 없을 거야. 갈 길이나 빨리 가자.'는 것으로 결론을 내리고 계속 뛰었다. 내가 횡단보도를 건너자 녹색불은 점멸되었다. 우측에 보이는 목적지를 향해 달리는 순간 빠르게 우회전을 하는 승용차가 보였다.

'끼익!' 자동차의 급제동 소리가 들려왔다.

'아!' 나는 걸음을 멈추고 뒤를 돌아보았다. 할머니는 횡단보도 밖으로 튕겨져 나와 쓰러져 있었다. 사람들이 모여들었다. 승용차에서 내린 젊은이, 두 명이 할머니를 차 뒷좌석에 태운 채 사라졌다. 나는 한참을 멍하게 서 있다가 모임 장소까지 천천히 걸어갔다. 할머니 생각이 머릿속에 오랫동안 맴돌았다. 돌아가시지는 않았을 거라는 생각을 하면서 스스로를 위안했다. 한참의 시간이 지난 후에도 횡단보도에서 신호를 기다리고 있으면 가끔 할머니가 생각나곤 했다.

그놈은 할머니 손을 이끌어 내 손을 잡게 만들었다. 나의 머리에서는 혼이 빠져나가는 기분이었으나 특별한 증상은 없었다. 나는 할머니를 안으면서 "죄송합니다. 죄송합니다."라고 말하며 눈물을 흘렸고, 할머니는 "괜찮아. 이제 잊어버리게."라는 말과 함께 내 등을 토닥거려 주었다. 번쩍하는 섬광과 함께 할머니는 하늘나라로 올라갔다.

웃음도 눈물도 없는 그는 시계를 보더니 나를 말에 태워 묶었다. 그는 말에게 뭔가를 명령했다. 말은 달렸다. 그는 따라오지 않았다. 새로운 고개를 두 개쯤 넘어 말이 멈추었다. 붉은색 피가 흐르는 서체로 적혀 있는 '지옥문'이라는 글자가 보였다. 그 문 앞에 그놈이 기다리고 있었다. 그는 나를 말에서 끌어내렸다. 직접 쇠사슬을 끌어당기며 지옥문으로 들어가려고 했다. 나는 지옥문을 잡고 처음으로 저항했다. 심한 채찍질이 가해졌다. 순간 세상천지가 개벽할 번개와 천둥이 내리쳤다.

오래전에 돌아가신 아버지와 어머니가 손을 잡고 나타나셨다. 부모님은 흰색 티셔츠를 입고 계셨다. 천당에서 급하게 오신 것 같았다. 그는 나에게 이상한 고함을 지르며 빠르게 도망을 쳤다. 어머니는 내 손을, 아버지는 내 발을 잡으면서 한참 동안 기도를 하셨다. 내 몸은 잠시 찌릿한 느낌이 들었다. 놀랍게도 성준이 가져간 심장, 최 상병이 가져간 발목, 할머니가 가져간 영혼이 되살아났다. 나는 부모님께 감사의 큰절을 올렸다. 부모님은 어서 집으로 돌아가라고 재촉하셨다. 나는 뛰었다. 숨이 턱에 찰 때까지 계속 뛰었다. 아버지, 어머니의 얼굴을 마지막으로 보기 위해 고개를 돌렸다. 벌써 떠나고 보이지 않았다. 나는 계속 뒤를 돌아보며 뛰다가 낭떠러지에 떨어지고 말았다. '아악!'

나는 꿈에서 깨어났다. 잠에서도 깨어났다. 온몸이 흠뻑 젖어 있었다. 비명소리에 놀란 보살이 악마를 보듯 바라보고 있었다. 급하게 대웅전으로 들어갔다. 무릎을 꿇고 엎드렸다. 한참을 그렇게 있었다. 부처님이 말씀하셨다. "너의 과거 현재 미래는 너의 것이다. 세상 어느 누구도 그 영역을 침범할 수 없을 것이다." 밖으로 나와 대웅전을 돌았다. 친구도, 최 상병도, 할머니도 모두 잘 보내 주었다. 그렇게 싸움만 하시던 부모님도 행복한 표정이었다. 그들은 하늘에서 또는 멀리서 나를 지켜보고 있을 것이다.

금련사를 나오면서 호주머니에 있는 담배를 끄집어내었다. 이상한 그놈이 도망가면서 외친 주술이 담배 갑 위에 영어로 적혀 있었다.

'I Will See Me! Someday. –DG–'

길고 긴 인연

고등학교 국어시간에 피천득의 〈인연〉을 공부했다. 술을 좋아했던 국어선생님은 연신 침을 튀기며 '그리움과 연민의 정'을 강조했다. 선뜻 가슴에 와 닿지는 않았지만 시험문제에는 그렇게 답을 해야만 했다. 얼마 전 책방 구석에서 그 〈인연〉을 다시 읽었다. '그리워하면서 만나지 못하는 사랑, 잊지 못하면서 만날 수 없는 사랑'의 애틋함을 새삼 느낄 수 있었다. 나에게는 그런 마음 시린 인연이 없지만 우연이라고만 말할 수 없는 이상한 만남은 있다.

초등학교 6학년, 처음 보는 '김민재'와 짝이 되었다. 민재의 집은 우리 집과 학교의 중간에 있었다. 학교를 오가며 민재 집에 자주 들렀다. 우리 집과는 달리 너른 마당이 있고, 텔레비전과 전화도 있었다. 민재의 가족은 공립중학교 교사를 하는 아버지와 살림을 하는 어머니, 고1 형, 초등학교 4학년과 2학년인 여동생, '정애'와 '정숙'이 있었다. 마당에서 동생들과 함께 비석치기, 공기놀이와 땅따먹기를 많이 했었다. 무엇보다도 즐거웠던 것은 민재 아버지가 근무하는 중학교의 단체영화 관람이 있을 때, 친구와 나를 꼭 불러서 공짜 영화를 볼 수 있게 해주었던 것이다. 그때 보았던 영화가 〈혹성탈출〉과 〈도라! 도라! 도라!〉인 것으로 어렴풋이 기억이 난다.

뺑뺑이를 돌려 중학교를 배정받았다. 나는 민재 아버지가 근무하는 중학교에, 민재는 다른 학교로 진학을 했다. 학교가 달라 민재와는 소원해졌지만 민재 아버지는 우리 반 사회과목을 2년 동안 담당하면서 나의 은사가 되었다. 가끔은 개인적인 심부름으로 선생님 댁에 가는 일도 몇 번 있었다.

고등학교를 진학하면서 민재와 다시 만났고, 신기하게도 우리는 같은 반이 되었다. 다시 가깝게 지내면서 민재 집을 두어 달에 한 번 정도는 갔었다. 옛날처럼 동생들과 같이 마당에서 놀지는 않았지만, 중학생이 된 정애는 착하고 예쁘게 크고 있다는 것을 느꼈다. 2학년에 진급하면서 빡빡한 학교 일정과 여러 가지 사정으로 더 이상 민재 집에 가지 않았다.

둘 다 대학 진학에 실패했다. 나는 마산에서, 민재는 부산에서 재수학원을 다녔기 때문에 연락이 끊어졌다. 다음 해, 민재는 나와 다른 대학에 입학했다는 소문만 들었다. 나는 3학기를 마치고 육군에 입대했다. 18개월 만에 두 번째 정기휴가를 나왔다.

군인들이 휴가를 나와 제일 좋아하는 날은 토요일이다. 대낮부터 친구를 만날 수 있기 때문이다. 벚꽃이 해끗해끗 눈발처럼 내리고 있는 마산의 '가포유원지'에서 아직 군에 가지 않은 대학 친구 2명을 만났다. 휴가 때마다 들르는 목로주점으로 들어갔다. 붉은색 셀로판지에 둘러싸인 백열등은 어두운 실내를 한껏 분위기 있게 만들어 주었다. 여자 몸매처럼 매끈한 호리병에 담긴 동동주와 해물파전을 먹고 있었다.

해병대 한 명이 여자 3명과 함께 거만하게 들어왔다. '그 자석, 잘 나가네.' 부럽게 쳐다보았다. 그는 누구를 찾는지 사방을 두리번거렸다. "야, 석준아. 여기." 옆에 있던 친구가 해병대를 보고 고함을 지르면서 손짓을 했다. 친구는 나를 만나면서 해병대 친구도 함께 만나기로 약속을 잡은 것이었다. 해병대와 여자들은 우리 좌석으로 합석을 했다. 육군과 해병대는 서로 민간인 인사를 하면서 초면이 아니라는 것을 확인했다. 같은 대학의 다른 과 학생이었다. 해병대 친구는 여자 한 명은 자기 애인이고, 두 명은 애인의 친구라고만 소개했다. 주거니 받거니 술을 마시면서 육군과 해병대는 경쟁적으로 노가리를 까기 시작했다. 생각지도 않았던 여자들 덕분에 분위기가 매우 좋아졌다. '역시, 술좌석에는 여자들이 있어야 해.'

대각선 쪽에 앉아 있는 예쁜 여자가 자꾸 나를 쳐다본다. 생머리를 어깨까지 늘어뜨린 채 아이보리 색상의 니트와 줄무늬가 있는 카디건을 입고, 벚꽃처럼 화사하게 웃고 있다. '왜? 나를….' 화장실에 들러 매무새를 손질한 후, 계속 떠들면서 술을 마셨다. 제법 취기가 오르고 좌중은 시끌벅적 산만해졌다.

그녀는 자리에서 일어나 나의 맞은편에 앉았다. 웃으면서 나의 비어 있는 잔에 술을 채워주웠다. 가슴이 쿵쾅거리면서 손이 떨렸다. "오빠야, 내 모르겠나?" '오빠라니….' 나는 그녀의 얼굴을 보면서 지나간 필름을 빛보다 더 빠른 속도로 되감았지만 도대체 누군지 기억할 수가 없었다. "오빠야, 내가 민재 오빠 동생, 정애다. 정애." "정애! 민재 동생…, 니가?" 나는 자리에서 벌떡 일어섰다. 몸속에 저장된 술이 물로 바뀌면서 정신이 번쩍 들었다.

그제야 정애의 얼굴에서 어린 시절 모습이 조금씩 보이기 시작했다. 나만 세월을 먹으며 스물세 살이 된 것으로 착각했다. 아직 어린 학생으로만 생각했던 정애도 어느새 스물한 살의 어엿한 대학생이 되어 있었다. 내가 반할 만큼 아리따운 아가씨가 되어 바로 눈앞에서 웃음을 머금고 앉아 있었다.

술자리를 파하고, 정애와 나, 두 사람만 2차를 따로 갔다. 창문 너머로 바다가 보이는 구석진 자리에 앉았다. 어둠이 내리기 시작한 포구에는 만선의 꿈을 안은 고깃배들이 뱃고동을 울리며 출항을 하고 있었다. 소주를 마시면서 민재가 전경에 갔다는 소식을 들었다. 지나간 세월, 현재의 생활과 각자의 미래에 관해 많은 대화를 주고받았다. 책을 많이 읽어서인지, 교양 있는 집안에서 자라서인지는 몰라도 사고방식 자체가 나보다 한 수 높았다. 나는 이미 기분에 취해 있었고, 소주를 물처럼 마시면서 고주망태가 되었다. 버스를 타고, 정애는 우리 집 근처까지 나를 배웅해주고 돌아갔다.

다음 날, 눈을 뜨면서 '정애는 참 괜찮은 친구 동생이다.'라는 생각을 했다. 이틀 후, 정애가 보고 싶었다. '친구 동생인데… 친구 부모님도 잘 아는데… 그러면 어때. 내가 보고 싶은데….' 찾아 갈까 말까를 갈등했다. 어느새 내 발걸음은 정애 집 골목길에 들어서 있었다. 가슴이 벌렁거렸다. 초인종을 눌러 은사님이나 친구 어머니가 나오면, '민재를 만나러 왔습니다.'라고 말을 해야겠다고 생각했다. 하지만 나는 초인종을 누를 용기가 생기지 않았다. 30분 넘게 초인종 위에서 손가락만 떨다가 돌아섰다.

귀대를 하루 앞둔 저녁 8시경. 나는 다시 정애 집 앞에 서 있었다. 초인종을 누르려고 손가락을 펴면, '친구 동생. 은사님의 딸.'이라는 생각이 계속 손가락을 접게 만들었다. 포기하고 돌아섰다. 저 멀리 골목 끝에서 누군가 걸어오고 있었다. 확실하지는 않았지만 대략적인 윤곽이 정애를 닮았다. 다시 쿵쾅거리는 가슴을 억누르며 옆 골목으로 잽싸게 숨었다. '뚜벅. 뚜벅. 뚜벅', '팡! 팡! 팡!' 가벼운 구두 소리는 내 심장에 총을 쏘면서 지나갔다. 망을 보는 도둑놈처럼 고개만 내밀었다. 정애가 맞다. 초인종을 가볍게 누르자 은사님이 나왔다. '정애야, 정애야.' 마음속으로 크게 불렀다. 정애는 뒤도 돌아보지 않고 들어갔다. 대문이 잠겼다.

고등학교를 졸업한 지 15년이 지난 30대 중반. 민재와 나는 부산이라는 같은 하늘 아래 살면서도 만날 시간이 없었다. 나는 교사로, 민재는 개인 사업을 하면서 서로 바쁘게 잘 지내고 있다는 소식만 주고받았다. 처음으로 고등학교 동기회에 나갔다. 민재도 나왔다. 서로 반갑게 술잔을 나누면서 은사님의 안부와 함께 정애의 소식을 자연스럽게 물었다. 민재는 "정년퇴직을 앞둔 아버님은 거제에서 교장으로 근무하고, 정애는 5년 전에 죽었다."라는 대답을 했다. "왜?" 나는 술잔을 내려놓으면서 눈을 크게 뜨고 물었다. "신혼여행을 가서 삼 일째 되던 날, 갑자기 심장마비 비슷한 발작을 일으켰고, 응급실로 옮기던 중 숨을 거두었어. 부검을 했는데, 별 이상은 없고…."라는 말을 했다. 눈시울을 적시며 술잔을 드는 친구에게 더 이상의 자세한 질문을 할 수가 없었다. '예쁜 친구 동생, 은사의 딸, 정애가 죽었다. 벌써 죽었다.' 며칠 동안 밥맛이 없었고, 매사에 의욕도 사라졌다. 그 후로 10년 넘게 동기회에 나가지 않았다.

10년이 지난 40대 중반. 민재의 사업은 날로 번창하여 시내 중심가에 큰 가게를 열었다. 몇 년 뒤에는 다른 지역 두 곳에도 가게를 오픈했다. 서로의 일터와 집이 가까워지면서 학창시절 때처럼 자주 만났고, 그럴 때마다 술좌석을 만들었다.

"캬아, 걱정이다."

민재는 소주잔을 놓으면서 한숨을 크게 쉬었다.

"뭐가?"

“큰놈. 태수, 학교 담임을 며칠 전 만났는데 공부가 시원찮아 인문계 고등학교에 못 간다네.”

“그게 무슨 걱정이고? 실업계 고등학교 보내면 되지.”

“거기 괜찮아?”

“걱정 말고 우리 학교 보내라. 내가 책임지고 4년제 대학 보내 줄게.”

“그래. 좋다. 오늘 술 3차까지 내가 다 산다. 먹고 싶은 거 마음껏 다 먹어라.”

그렇게 해서 민재의 아들, 태수는 우리 학교에 입학했다. 민재 아버지가 그랬던 것처럼 나도 태수에게 2년 동안 전산과목을 가르쳤다. 태수는 나의 제자, 태수 아버지는 내 친구, 태수의 어머니는 학부모, 태수 할아버지는 나의 은사라는 관계가 성립되었다.

그게 끝이 아니었다. 나는 개인적인 사정으로 27년간의 학교생활을 정리하고 명퇴를 했다. 적당한 연금을 받았지만, 직장생활을 30년은 해야 한다는 나름대로의 생각 때문에 무엇을 할지 고민을 했다. 막상 할 만한 일거리가 없었다. 모든 것을 버리고 마음을 비웠다. 내 자신의 의지를 시험하기 위해 편의점 알바를 3개월 했다. 자신감을 찾으면서 단말기회사에 지원서를 내고 입사했다. 힘들게 일하고 있던 중에 민재를 만났다. "그런 일 집어치우고, 그냥 우리 가게를 하나 맡아서 점장으로 일해라."고 권했다. 친구랑 같이 일한다는 것이 어렵다는 것을 알고 있었지만, 나는 흔쾌히 응했다. 3년 동안 친구 가게의 점장을 맡으면서 열심히 일했다. 일하는 동안에는 친구가 아닌 사장과 부하 직원으로 만났다.

2년 전 민재의 아버님, 나의 은사님이 창원에서 돌아가셨다. 친한 친구들, 고등학교 동기들과 함께 문상을 갔다. 은사님의 영정 사진을 보면서 교단에서의 남달랐던 열정을 생각했다. 밤늦은 시간에 부산으로 돌아왔다.

잠을 뒤척이다가 새벽에 눈을 떴다. 출상 시간이 아침 9시다. 나는 차를 몰고 창원으로 달리고 있었다. 8시쯤 장례식장에 도착했다. 차에서 내리지도 않았고, 친구에게도 연락을 하지 않았다. 그냥 존경하는 선생님의 마지막 떠나는 모습을 보면서 고개라도 한 번 더 숙이고 싶었다. 일정보다 늦은 10시경에 운구차가 움직이기 시작했다. 선팅이 된 운구차의 창문 너머로 선생님이 손을 흔드는 모습이 보였다. 나는 아무 행동도 할 수가 없었다. '선생님 고맙습니다. 편하게 쉬십시오.'라는 말만 중얼거렸다. 운구차의 말미가 사라진 지 한참의 시간이

흘렀다. 핼쑥한 얼굴을 정리한 후, 자동차의 시동을 걸었다.

우리는 처음 보는 사람을 만날 때, '이렇게 만난 것도 인연인데….'라는 말을 자주 사용한다. 불교에서는 물방울이 떨어져 집채만 한 바위를 없애는데 걸리는 시간을 일겁一劫이라 하고, 사람과 사람이 수천 겁을 지나면서 만나는 것을 인연이라 한다. 그 만큼 인연은 소중한 것이다. 그렇다면 민재 가족과 나의 인연은 과연 몇 만 겁을 지나온 것일까. 그들과의 길고 긴 인연이 아직 남아 있는 것일까.

껍딱지의 분노

2042년 7월.

며칠 전 거주지를 저승으로 옮겼다. 체온조절기능장애라는 열사병으로 숨을 멈추었다. 냉동캡슐에 이틀 정도 보관되어 있었지만 재생의 기적은 없었다. 연일 40도가 넘는 폭염으로 내 또래의 노인들이 같은 시기에 많이 이주를 했다. 평소 더위에 약한 나는 이곳으로 잘 왔다고 생각한다. 불편한 점은 몇 가지 있지만 자연환경은 어릴 적 뛰어놀던 시골 모습 그대로다.

한반도에 봄과 가을이 없어졌다. 4월부터 10월까지 7개월 간 여름, 나머지는 겨울이다. 상춘객, 단풍놀이라는 단어는 사전에서나 찾아볼 수 있다. 봄도다리와 가을전어, 얼음골사과와 제주밀감은 북쪽으로 이동했고, 그 빈자리를 이름도 모르고 본 적도 없는 이상한 열대어와 과일들이 차지했다. 인간들이 추구하는 편리함과 욕심은 환경을 오염시키고 생태계를 파괴시켜왔다. 매년 지구의 평균 온도가 상승하면서 21세기 초반까지는 상상할 수 없는 많은 일들이 일어났다.

내가 숨을 멈추기 2주 전.

종합검진을 받기 위해 서면의 '부산노인의료센터'로 가고 있었다. 지하철에서 내려 에스컬레이터를 타고 지상으로 올라갔다. 몇 발짝 걸어가던 중, 저 멀리서 사람들이 우르르 몰려오는 모습이 보였다. 걸음을 멈추고 눈을 크게 떴다. 그들은 뒤를 힐끔힐끔 돌아보면서 빠르게 다가왔다. "무슨 일?" "껌, 껌딱지가 몰려오고 있어요. 어서 돌아가세요." 시커먼 물체가 천천히 움직이면서 사방으로 퍼져나가고 있는 것이 보였다. 차량들도 서면을 빨리 빠져나가기 위해 경적을 빵빵거렸다. 반대편에서는 119 구급차가 요란한 소리를 내며 몰려오고 있었다. 나는 두려움을 느끼면서 지하도 입구 난간을 잡고 사태를 관찰했다.

그날도 최고 기온은 40도를 넘겼다. 서면의 인도와 차도에 더럽게 붙어있던 껌딱지들이 흐물흐물 움직이기 시작했다. 그들은 뜨거운 태양열을 받으면서 '껌벌레'라는 아주 작은 생명체를 잉태했다. 껌딱지 하나에 수백 마리의 껌벌레가 태어났다. 고무처럼 탄력성을 가진 벌레들은 오염된 공기와 햇빛만 있으면 자신들의 생명을 유지할 수 있었다. 그들에게 주어진 임무는 개체를 번식시키면서 껌딱지를 키워 나가는 것뿐이었다. 그들의 성장을 멈추게 하는 것은 깨끗한 물과 파릇파릇한 식물들밖에 없었고, 기온이 30도 이하로 떨어져야만 생명을 잃게 된다.

껌딱지는 사람들에게 버려지고 신발 밑창과 자동차 바퀴에 짓밟히기도 했지만, 껌벌레들은 사람을 공격하지 않았다. 그냥 서서히 움직이면서 도로와 건물을 새까맣게 덮어버릴 뿐이었다. 건물 한 층을 덮는데 대략 30분 정도의 시간이 걸렸다. 자동차가 껌벌레들을 뭉개며 느리게 지나다닐 수 있었지만 정상 속도로 달릴 수는 없었다. 그래도 탄력성이 좋은 껌벌레들은 금방 원상회복되었고, 오히려 타이어에 달라붙어 다른 지역으로 이동할 수 있었다.

껌벌레들은 서면로터리 주변의 고층빌딩과 사방으로 뚫린 도로를 타고 자신들의 영역을 넓혀나갔다. 사람들은 사무실의 창문을 꽉 닫고 있었지만 껌벌레들이 천천히 창문을 타고 올라가는 모습이 보였다. 껌벌레들은 전봇대를 타고 올라가면서 많은 전선을 하나로 묶었다. 합선으로 불꽃이 튀기 시작했고, 몇몇 건물에서도 창문 밖으로 불길을 내보냈다. 서면으로 들어오는 차량은 통제되었다. 방송 매체에서 긴급재난방송을 시작하면서 서면의 현황을 전국으로 내보냈다.

서면의 모든 사무실과 상점의 문은 닫혔다. 사람들은 어떻게 해야 할지를 몰라 우왕좌왕 갈피를 못 잡았다. 공포감을 느낀 사람들은 우선 옥상으로 뛰어올라갔다. 수십 대의 군용헬기가 동원되어 옥상에서 구조를 요청하는 시민들을 실어 사직운동장으로 옮겼다. 부산 전 지역에서 출동한 소방차에서는 껌벌레가 더 이상 진행하지 못하도록 굵고 강한 물줄기를 연신 뿜어내고 있었다. 그것은 껌벌레의 활동을 잠시 지연시키는 임시방편에 불과했다. 강렬하게 내리쬐는 햇빛과 아스팔트의 뜨거운 복사열은 많은 수분을 빠르게 기화시켜버렸다. 잠시 숨을 고르던 껌벌레들은 계속 진군해 나갔고, 특별한 방법을 찾지 못한 구조대원들은 급하게 수송된 바닷물만 뿌리고 있었다. 오염된 바닷물이 말라붙자 껌벌레들의 진행 속도는 조금씩 빨라지기 시작했다.

해가 지고 난 후의 밤 기온은 35도 아래로 떨어지지 않았고, 구조대원들은 지치기 시작했다. 군인과 경찰의 특수부대까지 합세하여 합동작전까지 펼쳤지만 여의치 않았고, 오히려 한 발 한발 후퇴를 해야만 했다. 꼼벌레들은 자신들의 영토를 동쪽으로 부전시장, 서쪽으로 부산진역, 남쪽으로 황령산 터널, 북쪽으로 어린이대공원 근처까지 넓혀나갔다. 밤늦은 시간에는 대구와 광주, 대전 지역에서도 꼼벌레 피해 소식이 전해졌다. 부산에서 이동한 승용차가 그 지역을 오염시킨 것이다.

정부에서는 전국에 국가비상사태 긴급1호를 발령했고, 부산시청에서 20분 거리에 있는 금정구청에 컨트롤타워인 종합상황실을 설치했다. 꼼벌레가 점령한 지역은 암흑천지로 변했고 특별한 임무를 맡은 차량과 사람만 출입이 허용되었다. 다행히 미약하지만 통신은 가능했다. 사람들은 스마트폰을 보면서 현재의 위급한 사태를 파악했다. 마트에서는 비상식량을 구입하려는 사람들이 북새통을 이루었다. 평소 착하기만 했던 사람들이 물건을 훔치고 사소한 일로 싸우는 경우도 발생했다.

하루가 지난 후에도 꼼벌레들은 계속 영역을 넓혀가고 있었다. 상황실에서 비상대책회의가 열리던 중 대통령이 전용 헬기를 타고 종합상황실에 도착했다. 재난전문가들이 밤새 분

석한 결과를 보고했다.

“껌벌레들은 부산시민공원이나 어린이대공원과 같이 숲이 우거진 곳과 광안리 바닷가 쪽으로는 진출을 못하고 있습니다. 시민들을 그쪽으로 대피시켜야겠습니다.”

“바다로?”

“전국의 대형 선박들을 부산항에 모이도록 긴급명령을 내려야 합니다.”

“서둘러 조치를 취하세요. 껌벌레를 제거할 수 있는 방법은?”

“아직, 특별한 방법이 없습니다.”

숲이 우거진 곳과 물이 있는 곳에는 껌벌레가 움직이지 못한다는 사실을 알아냈지만 껌벌레를 제거할 수 있는 근본적인 해결책은 찾지 못했다.

공원 인근에 사는 시민들은 비상식량과 옷가지를 챙겨서 공원으로 대피했고, 많은 사람들은 선박으로 피신하기 위해 바닷가로 이동했다. 우리나라의 대형선박들과 남해안 인근에 있던 중국과 일본의 컨테이너선들이 부산항으로 몰려왔다. 10여 명씩 보트를 타고 선박에 올랐다. 사람들은 먼저 배에 타기위해 난리를 피웠다. 그 광경은 30년 전쯤에 상영되었던 영화,

〈국제시장〉에 나오는 함흥철수작전을 방불케 했다. 그 와중에 외국 선적 몇 척은 승선 대가로 비싼 요금을 받았고, 일부 돈 많은 사람들은 사태가 잘못되면 즉시 외국으로 피신할 수 있다는 생각으로 기꺼이 응했다.

사람들은 다급한 나머지 껌벌레가 붙어있는 신발을 벗고 탑승해야 한다는 것을 잊어버렸다. 몇 사람의 실수로 선박에서도 껌벌레들이 활동하기 시작했다. 사람들이 우왕좌왕하면서 힘없는 노인들 서너 명이 바다로 떨어지기도 했다. 호스를 이용해 바닷물을 계속 뿌리면서 배 안의 상황은 진정되었다.

5일째 되던 날, 하루 종일 비가 내리면서 껌벌레 사태는 소강상태에 들어갔다. 뚜렷한 해결책을 찾지 못한 종합상황실에서도 숨을 돌리면서 민관군이 참여하는 비상대책회의를 계속하고 있었다.

"껌벌레들을 죽이기 위해서는 기름을 붓고 불을 지르는 수밖에 없습니다."

"그럼, 부산 시내를 불바다로 만들자는 겁니까? 말도 안 되는 소리를…."

"그렇게라도 하지 않으면 조만간 전국이 껌딱지로 덮여버립니다."

“… ….”

“부산 시내 지하 하수관을 모두 폭파시켜서, 일단 껌벌레의 진행을 막아봅시다.”

‘따르르릉, 따르릉.’

갑자기 비상대책위원장 앞에 놓여있던 전화벨이 울렸다.

“여보세요.”

“저어, 유치원에 다니는 아이의 엄마인데요.”

“예. 말씀하세요.”

“우리 애가 아이스크림을 먹으면서 내가 있는 쪽으로 뛰어오다가 아이스크림을 껌딱지 위에 떨어트렸어요.”

“그런데요?”

“그 아이스크림이 떨어진 곳에 껌딱지가 동그랗게 녹으면서 땅이 보이더라고요.”

“예! 정말입니까?”

위원장이 놀라면서 자리에서 일어서자 모든 위원들도 의자를 밀치며 일어섰다.

“예. 사실입니다. 제가 왜….”

“감사합니다. 감사합니다.”

위원장은 통화 내용을 위원들에게 설명하고 잠시 고민을 했다.

"여기서 무슨 해결책을 반듯이 찾아야 합니다."

위원들은 사실 여부를 확인하기 위해 아이스크림 50개를 구입해서 껌벌레의 진행이 멈춰 있는 연산로터리로 출동했다. 아이스크림 포장 종이를 하나씩 벗겨서 껌딱지 위에 던졌다. 아이 엄마의 말이 사실이었다. 껌벌레들이 아이스크림의 차가운 온도에 녹으면서 일정 부분 사라지고 있었다. 사태의 해결책은 기온을 낮추어야 한다는 것으로 결론을 내렸다.

전국의 얼음공장이 풀가동되었다. 얼음이 만들어지는 즉시 부산을 비롯한 껌벌레 발생 지역으로 배송되었다. 군용트럭과 화물차가 얼음을 끌고 다니면서 막혀있던 도로를 뚫었다. 그러나 그것도 허사였다. 얼음 작전이 중단된 밤이 되면서 인도와 건물에 붙어있던 껌벌레들은 도로를 다시 새카맣게 만들었다.

비상대책 위원 중 한 사람인 기상전문가가 말했다.

"인위적으로 기온을 낮추기 위해 하늘에서 인공눈을 뿌리면 될 것 같습니다."

그는 비행기에서 요오드화은(AgI)과 같은 빙핵氷核물질을 살포하면 고공에서 미생물성 증설체인 빙핵활성세균이 만들어지고, 이 세균은 대기 중의 수증기를 찬 기운과 결합시켜 얼게 만들기 때문에 원하는 만큼의 눈을 내리게 할 수 있다는 설명을 했다. 위원들은 박수를 치며 환호했다.

다음 날, 부산의 하늘에서는 하루 종일 함박눈이 내렸다. 갑자기 영하로 떨어진 기온으로 껌벌레들의 생은 마감되었다. 껌딱지의 몸은 빠른 속도로 쪼그라지면서 사태의 진원지인 서면으로 모여들었고, 서면로터리 중앙에 작은 껌동산이 만들어졌다. 부산시에서는 껌동산에 강화유리 상자를 덮어씌웠고 이번 사태를 기억하기 위해 날짜와 함께 짧은 문구를 적어놓았다.

'2042. 7. 17. 껌을 함부로 뱉지 맙시다.'

사태 해결 후, 기온이 평소보다 조금 더 올라 42도에 접근하고 있었다. 언론에서는 인공눈 때문이라고 떠들었다. 나는 다시 종합검진을 받기 위해 서면으로 향했다. 지하철에서 내려 지상으로 올라왔다. 갑자기 심한 현기증과 함께 가쁜 숨을 몰아쉬었다. 난간을 잡고 쓰러지면서 껌동산을 바라보았다. 이승과 작별을 고하는 나의 마지막 순간이었다.

나는 젊었을 때, 껌을 씹다가 단물이 빠지면 가차 없이 길거리에 버렸다. 무심결에 침과 가래도 뱉었다. 담배꽁초는 하수구에, 종이컵은 구겨서 아무 곳에나 던져버리는 행동을 대수롭지 않게 생각했다. 이번 껌딱지 사태처럼 앞으로 어떤 놈들이 자신들의 분노를 표출하여 인간의 삶에 심각한 경고장을 발송할지는 아무도 모를 일이다.

인간의 편의주의와 욕심은 자연을 절대로 이길 수 없다.

편의점에서 인생 이모작을 시작하다

50대 중반. 학교에서 명퇴한 후, 여행 이외에 특별하게 하는 일 없이 6개월을 보냈다. 나는 나태해진 정신 상태에서 탈출할 수 있는지, 무엇을 하고자 하는 의지가 있는지를 스스로 시험하고 싶었다. 선생질만 하던 놈이 쉽고 편하게 일할 수 있는 곳은 마땅히 없었다. 컴퓨터를 어느 정도 할 수 있어서 '부산지방고용노동청'과 '수영구선거관리위원회'의 비정규직 모집에 원서를 냈지만 떨어졌다. 놀고 있는 젊은 사람도 많은데 굳이 나이가 많은 나를 뽑아 줄 이유가 없다는 것을 알았다. 대학생들이 많이 찾는 알바사이트를 뒤졌다. 돈 욕심 내지 않고, 특별한 기술 없이 할 수 있는 일은 편의점 알바밖에 없다는 결론을 내렸다. 썩어빠진 자존심 버리고 성실하게 열심히 일하면 될 것이라고 생각했다.

경쟁이 치열하지 않으면서 좀 더 힘들게 일할 수 있는 야간 근무를 선택했다. 집에서 15분 정도의 거리에 있는 편의점에 이력서를 내고 면접을 보았다. 합격했다. 보건소에서 '보건증'도 발급 받아 제출했다. 월요일부터 금요일, 22:00~08:00까지 10시간 근무였다. 딱 석 달만 하면서 새로운 세상을 배워보자고 마음을 먹었다. 말년병장 때처럼 메모지에 90일짜리 달력을 만들어 지갑에 끼웠다. 모든 걸 다 잊고 하루하루를 '1, 2, 3'처럼 숫자를 지우는 재미로 살아야 한다. 아내는 왜 그런 일을 하냐면서 잔소리를 했다. "야간 일이 얼마나 힘든지 체험하고 돈도 벌고 싶어서…."

이제 편의점은 나의 새로운 일터가 되었다. 직급은 알바생이지만 모든 열정을 쏟아 부어야 하는 직장인이다. 진정한 웃음과 친절한 인사말로 모든 손님을 대했다. 어떤 일이나 마찬가지겠지만 처음 1주일은 많이 힘들었다. 교실만 한 크기의 넓은 매장에 없는 게 없고, 할 일도 너무 많다. 제일 중요한 포스기를 다루는 계산대 업무와 정산, 창고정리와 상품진열, 당일

입출고 물건의 확인과 교체, 교통카드와 핸드폰 충전, 택배, 자판기 관리, 쓰레기 분리수거와 남은 음식물 처리, 탁자와 바닥, 화장실 청소까지 몸과 마음이 쉴 틈이 없다. 편의점에는 공통적으로 출입문에 '딸랑이' 종이 달려 있다. 혼자서 모든 일을 바쁘게 처리하다 보면 손님의 출입을 인식할 수 없기 때문에 '딸랑딸랑' 소리는 편의점에서 매우 중요한 역할을 한다.

편의점에 근무하면서 가장 놀란 일은 담배 종류가 너무 많다는 것이었다. 120가지가 넘었다. 30년 넘게 담배를 피운 나는 담배 종류가 많으면 20여 가지쯤 될 거라고 평소에 생각하고 있었다. 대나무가 그려진 '에세 순'의 경우, '순한맛, 보통맛, 독한맛, 박하맛' 등으로 세분화 되어 있다. 모든 담배가 그런 식으로 해서 종류가 많다. 국산담배와 양담배를 관리하는 회사에서 2주에 한 번 정도 방문하여 그 위치를 다 바꾸어 놓는다. 진열된 위치에 따라 광고효과가 다르기 때문이란다. 계산대 주변에는 A4 사이즈의 휘황찬란한 담배 광고판도 많이 있다. 점주는 한 달에 얼마 정도의 광고료를 받는다고 한다. 담배 이름을 외우고, 위치를 다 파악하는데 일주일이 걸렸다. 처음에는 손님들이 원하는 담배를 먼저 찾아서 많이 무안했었다. 의외로 담배를 피우는 젊은 여성들이 많다. 그녀들은 당당하다. 선진국으로 가는 길인가?

밤 11시경에는 김밥, 샌드위치, 햄버거, 1회용 도시락, 유제품, 냉동식품, 등을 납품하는 업자가 주문량만큼 가게 안으로 밀어 넣고 간다. 모두가 유효기간이 중요한 제품들이다. 밤 12시가 넘으면 유효기간 하루가 지나는 시점이다. 모든 제품들의 유효기간을 확인해야 한다. 과자와 라면은 반품이 가능하기 때문에 창고에 별도로 보관하지만 즉석섭취식품은 그렇지 않다. 유효기간이 지난 식품은 포스기에 폐기처분으로 정리를 하고 버려야 한다. 김밥, 도시락, 햄버거, 우유, 등의 유효기간이 한두 시간이 지났다는 이유로 그냥 버리기는 너무 아깝다. 그래서 알바생들은 그것을 식사대용으로 먹는다. 나도 많이 먹었다. 가끔은 컵라면과 함께 먹으면서 인생의 쓴맛을 느끼기도 했다. 그것 중 몇 개를 남겨서 새벽에 빈 박스를 수거해 가는 할머니에게 건네 드리면 환하게 웃으시며 너무너무 좋아하신다. 작은 나눔의 행복이 무엇인지를 깨달았지만…. 먹고 사는 게 뭔지, 안타깝다.

근무하던 편의점 주변에 술집이 많이 있다. 그래서 새벽 2시까지는 고주망태가 된 '진상進上'들이 많이 왔다. 내가 나이가 좀 있어서 다행이지, 그렇지 않았다면 많이 싸웠을 것이다. 거

스름돈을 안 받았다고 우기거나 죄 없는 쓰레기통을 차서 엎어놓고 가는 사람, 컵라면을 먹다가 쏟아 놓고 도망가는 학생들, 매장 바닥을 안방처럼 드러누워 자고 있는 좀비들, 가지가지다. 손님이 북적거리는 시간에 술에 취한 30대가 교통카드 2만 원을 보충하러 왔다. 충전을 했는데 안 했다고 우겼다. 초보 때라 당황하면서 다시 2만 원을 충전해 주었다. 퇴근 전에 정산을 했다. 2만 원이 부족했다. 지갑에서 생돈 2만 원을 끄집어내어 금전등록기에 넣었다. 4시간의 시급이 한 방에 날아갔다. 나쁜 놈!

편의점 판매 제품 중에 특이한 것이 있다. 그렇게 생각하는 내가 특이한지는 모르겠다. 약국에서만 파는 것으로 알고 있었던 '콘돔'이다. 그 종류도 다양하고, 생각보다 많이 판매되고 있었다. 90% 이상은 젊은 남자들이다. 한 통, 두 통을 예사로 사간다. 최근에 우리나라 출산율이 저조한 이유를 조금은 이해할 수 있었다. '그냥 하지.' 마음은 그렇지만 안 팔 수도 없다. 가끔 젊고 예쁜 여자가 '콘돔'을 들고 계산대에 오면 내 얼굴이 붉어지면서 바코드를 찍는 손이 떨리기도 했다. 엉큼스럽게.

심야 3시~4시. 손님은 거의 없다. 모두들 집으로 들어가 잠자는 시간이다. 나도 잠깐 쉴 수 있는 시간이다. 커피를 한 잔 뽑아 5시간 만에 밖으로 나왔다. 공기는 시원하고 세상은 조용하다. 자판기 커피의 달콤함과 담배의 황홀함이 어우러진 연기가 밤하늘을 가르며 올라간다. 그리곤 사라진다. 부질없는 나의 욕망과 꿈도 사라진다. 연기를 더 힘차게 내뿜었다. 내 가슴에 남아 있는 응어리도 날려 보내고 싶었다.

새벽 4시~7시. 다시 바쁜 시간이다. 다음 근무자를 위해 재고정리를 하면서 부족한 물건을 채워 놓아야 한다. 더럽고 귀찮은 분리수거, 손님들이 먹다가 남긴 음식물 쓰레기통 처리, 정수기, 자판기, 화장실 청소를 해야 한다. 수건, 걸레, 밀대를 빨고 짜서 진열대, 자판기, 냉장고, 바닥을 힘차게 밀고 닦았다. '집에서 이렇게 하면 아내가 칭찬을 얼마나 많이 할까?' 주간에는 바빠서 청소할 시간이 없기 때문에 야간근무자가 혼자서 대청소를 하는 것이다. 일터로 가는 부지런한 손님, 일찍 등교하는 학생들도 만난다. 청소차 아저씨도 따뜻한 커피를 한 잔 마시고 차를 몰고 출발한다. 세상이 깨어나는 시간이다. 점포가 반짝반짝 빛이 난다. 내 마음도 흐뭇하다.

7시가 지나면 아침 손님들이 본격적으로 북적거린다. 제일 중요한 정산 준비도 틈틈이 해야 한다. 몇 백 원 정도의 오차는 인정을 하지만 천 원 이상 차이 나는 금액은 근무자가 책임을 져야 한다. 휴학 중인 젊은 학생이 주간 근무자로 출근을 한다. 너무 반갑다. 인수인계를 마치고 퇴근을 해서 집으로 올라가면 출근하는 사람들이 우르르 내려온다. 부끄럽고 창피한 것 하나도 없다. 나도 어엿한 직장인이다.

집에 와서 식사를 하고, TV를 좀 보다가 자리에 눕는다. 커튼을 치고 눈가리개까지 하면서 잠을 청하지만 쉽게 잠이 오지 않았다. 보름 정도를 서너 시간밖에 잠을 자지 못했다. 새로운 습관을 만든다는 것은 참 힘든 일이다.

‘~~87~~, ~~88~~, ~~89~~, ~~90~~.’ 90일짜리 달력을 모두 지웠다. 결근은 물론이고 지각도 한 번 안 했다. 새로운 세상을 구경했다는 만족감과 함께 말로는 다 표현할 수는 없는 기쁨이 몰려왔다. 시험 결과를 스스로 채점해 보았다. ‘A^{+}’를 주어도 아깝지 않았다. 뭐든지 할 수 있다는 자신감과 함께 ‘내가 교사였다.’는 자존심도 버릴 수 있었다. 그 후로 나는 단말기회사와 대형 문구점 점장으로 3년을 더 근무할 수 있었다.

개인적인 사정으로 학교를 일찍 명퇴하고 새로운 체험을 하면서 이모작을 시작한 지 7년이란 시간이 지났다. 편의점과 일반 회사를 다녔고, 요리를 배웠고, 글을 쓰면서 나름 바쁜 시간을 보내고 있다. 더 좋은 삶을 꾸리기 위해 반성은 하지만 후회는 하지 않는다. 작은 일이든 큰일이든 내 힘으로 목표를 달성했을 때의 성취감은 말로 표현할 수 없는 기분이다.

아직도 인생의 종점까지는 까마득하게 남았다. 살아가면서 필요한 것이 있다면 언제든지 도전할 것이다. 세상에 쉬운 일도 없고 나를 기다려주는 곳도 없다. 육체적, 정신적으로 조금 힘들어도 내가 먼저 다가가야 한다. 달콤한 열매를 따기 위해서가 아니라 삶의 의미와 보람을 느끼고 싶은 마음이다.

행복은 다른 사람과의 경쟁에서 이기고, 물질적인 풍요로움을 소유하는 것이 아니다. 스스로 마음의 문을 열고 끊임없이 도전하고 결과에 만족한다면 행복은 이미 우리 곁에 와 있을 것이다.

■ 작품해설

자아발견의 욕망과 스토리텔링의 조응

박양근 (부경대 명예교수, 문학평론가)

수필은 자신의 삶을 진솔하게 적어내려는 욕망의 글줄이다. 라캉은 욕망으로 프로이트의 정신분석학을 설명했듯이 수필가는 자신을 분석하여 글로 표현하려는 인격체로서 자전적 수필에는 작가 나름의 갖가지 삶이 담겨진다. 양일섶은 고답적인 관념이라는 하중에서 벗어나 그가 살아온 이야기를 재미있게 말하는 것이 수필이라고 여긴다. 살아온 이야기로써 글쓰기로는 무엇보다 자신에게 정직하고 싶다는 욕망과 용기를 필요로 한다. 독자와 삶을 공유하려는 소통의 욕망도 자리한다. 그것을 이루어내는 양일섶의 기법은 "진솔함의 재미로서 스토리텔링"이다.

충남 금산에서 태어난 양일섶은 해물이 풍부한 마산에서 학창시절을 보냈고 부산에서 교직 생활을 시작하여 명퇴를 했다. 바람 같은 그의 일상에 변화를 가져온 것은 2015년 ≪수필과비평≫에서 신인상을 수상하면서 수필가로 등단한 때이다. 이후 그는 홀로 습작한 활법과 본격수필에서 배운 정법을 융합하여 짧은 기간에 주목받는 작가가 되었다. 이런 이력은 라캉이 말했듯이 표현욕망에 해당한다. 등단 2년 만에 상재한 《꽃놀이패》는 작가적 치열성이 낳은 결실로써 과일집 아들이 "요리하는 중년"이 되고 마침내 '삶을 재현하는 수필가'가 되었음을 보여주는 자아발현의 비망록이다. 그의 수필집은 전傳으로써 문인의 풍류와 인간애가 균형을 이룬다. 석양의 갈대 같은 무상함과 가뭄에도 죽지 않는 쇠비름 같은 기질과 가을 벼처럼 고개 숙인 원숙미가 어울린 《꽃놀이패》는 시대적 아픔을 눈여겨보게 하는 평전이라는 인상도 준다. 존재라는 추상적 관념보다 살아 있는 인간이 더 아름답다는 진실을 찾는 기쁨으로 이루어진 글이 양일섶의 《꽃놀이패》라 하겠다.

제1장 "과일집 아들"에서 작가의 방으로

문학의 꽃은 양지보다는 시련의 바닥에서 피어난다. 묵힌 상처를 벗겨 정화하는 힐링이 수필이지만 노련한 작가는 상처 자체를 조악하게 드러내기보다는 인격적 성숙을 지향하는 욕망을 추구한다. 시리도록 투명한 글쓰기는 오직 순수하고 싶다는 욕망의 처방이기도 하다. 투명한 담론은 양일섶의 생애를 고스란히 반영한다. 그의 가정은 1960~70년대의 상황처럼 가난하고 순탄한 편이 아니었다. 빈곤과 억압의 시대는 청년인 그에게 반항과 방황을 자극하였지만 단단한 인격체로 성장시키는 시련이기도 하였다. 삶의 옹이가 언젠가는 문학의 꽃으로 필 것을 예감한 것일까. 그의 기대처럼 궁핍과 시대의 삶은 스토리텔링에 의하여 속살을 드러낸다.

양일섶의 수필은 전傳의 속성을 갖는다. 설익은 철학성과 가볍게 번쩍거리는 수필과 거리를 둔 진솔한 투명성이 그의 남다른 장점이다. 본래의 이름인 양희용에서 양일섶으로 필명을 바꾼 변신은 곡진한 감동을 불러일으킨다. 비유하면 2014년에 선풍적인 인기를 얻은 〈국제시장〉의 덕수 집안을 재현한 것이기도 하다.

양일섶의 스토리텔링은 "과일집 아들"에서 시작한다. 중학교 시절이 배경인 "과일집 아들"은 감동적인 모자관계를 보여주는 대표작 중의 하나이다. 가장이 제 역할을 하지 못하는 집안을 일으켜 세우려는 어머니의 생활력과 장사하는 어머니에게 감화되는 아들의 모습이 눈물 속의 웃음으로 펼쳐진다. 노점 과일상 어머니가 과일 도매상 주인이 되고 큰 집을 사며 가세를 일으킬 동안 대입예비고사를 치른 후부터 막내아들인 그는 가게 일을 도우면서 집안과 사회를 있는 그대로 낙천적으로 받아들인다. "삶 앞에서는 최소한의 자존심도 버려야 한다"는 처세를 실물경제에서 체득하고 교사가 되어 어머니에게 인생 최고의 기쁨을 안기는 장면은 〈국제시장〉의 '꽃분이네' 가게 개업과 다르지 않다.

사람들은 들고 있던 술잔을 내려놓고 환호성과 함께 박수를 치기 시작했다. 잔치가 벌어지고 있었다. 어머니는 막내아들이 고등학교 선생으로 취직이 되었다고 온 시장사람들에게 자랑하고, 돼지수육과 막걸리를 대접하고 있었다. 나는 어머니에게 큰절을 하고 막걸리를 따라 올렸다. 사람들의 환호와 함께 어머니는 덩실덩실 춤을 추며 크게 웃으셨다. 어머니가 그렇게 신나하고 크게 웃으시는 모습을 처음 보았다.

– 〈과일집 아들〉 일부

"막내라도 와이셔츠 입고 떳떳한 직장에 출근하는 모습"은 어머니의 삶을 이끈 욕망의 끈이다. 세상 어머니들은 그런 희망이 있어 온갖 수모를 견뎌낸다. 대신에 과일집 아들 작가는 과일을 싫어하게 되었다. "고생하던 어머니를 부끄럽게 여겼던 철없던 시절"을 떠올려주기 때문이다. 그 점에서 〈과일집 아들〉은 집안의 자수성가라기보다는 작가의 인격적 성장을 목격할 수 있는 기법에 더 주목할 필요가 있다. 그가 작가가 되기까지의 과정은 순탄치 않다. 고등학교 시절에는 장발 단속에 걸려 홧김에 머리를 빡빡 밀었고, 대입 재수 시기에는 변두리 다방에서 DJ를 했고, 결혼한 후에는 일확천금을 꿈꾸며 주식을 하다가 깡통을 찼고, 명퇴 후 편의점에서 아르바이트도 했다. 술을 꽤 마셨고 섬으로 바람의 여행도 떠났다. 그는 흔들리는 자신을 숨기지 않으면서도 시대에 쉽게 적응하지 못한 청년과 중년의 삶을 성실하게 담아내었다.

그의 수필이 평전評傳인 이유는 〈쎄시봉 공연〉, 〈머리카락〉, 〈깡통 찬 개미〉들에서 시대의 변모를 읽을 수 있기 때문이다. 수필가의 변신과 당대의 변화를 함께 엮은 그를 가까이에서 지켜보면 소주잔과 회 한 접시를 앞에 두고 지나간 시절을 감격 어린 어조로 풀어내는 중년사내를 대하는 기분이 든다.

〈쎄시봉 공연〉은 작가라는 초자아가 어떻게 완성되었는지를 결미에서 제시해 준다. 한때 '별이 빛나던 밤에'가 주는 센티멘털리즘에 젖었던 그는 성숙기를 맞이하면서 한때의 분방함이 "쓸데없는 짓거리"였다고 여긴다. 그래도 "즐겁고도 흥겨운 장소에서 때로는 이유도 없는 눈물"을 흘리는 감수성은 어쩔 수 없다. 어떡해야 하는가. 글을 쓰는 것이다.

> 이제 중년을 넘기면서 내가 할 수 있는 것은 글을 쓰는 것밖에 없다. 그렇다고 멋진 글을 쓸 수 있는 능력이 있는 것도 아니다. 작은 것을 사랑하고 쓰러진 것을 세워주고 버려진 것을 보듬어주는 마음으로 글을 써야겠다. 누군가에게 삶의 의미를 부여할 수 있으면 좋겠다.
>
> – 〈쎄시봉 공연〉 일부

세시봉은 '훌륭한, 아주 멋진'이라는 프랑스어이다. 그에게 세시봉다운 수필은 다름 아닌 젊은 시절을 회상하는 것이 아니라 사랑과 희망을 나누는 인생의 멋을 구현하는 데 있다. 인생의 그늘에서 흔들렸으므로 그의 수필도 한결 건실한 윤기를 얻는다.

양일섶은 퇴직자라는 신분과 이모작 삶을 만족해 한다. 이모작은 은퇴 후의 생활을 말하는 것이 아니라 지금 하는 두 일을 뜻한다. 하나는 '요리하는 중년'이라면 다른 하나는 '지심도에 가고 싶다'고 말하는 작가적 자아이다. 〈요리하는 중년〉은 가족에 대한 부성애를, 〈지심도에 가고 싶다〉는 바람 길을 따르는 기질을 나타낸다.

퇴직자가 듣기에 민망한 별칭에 '삼식이'가 있다. 삼식이는 '돈벌이 남자'에서 '밥벌레'로 추락한 남성의 무력함을 비꼬는 명사이다. 작가는 그 선입관을 거부하고 가족을 위해 요리를 배우려 한다. 그것은 잉여인간에서 벗어나려는 노력인 만큼 진지하기 이를 데 없다. 〈십문칠〉에서 새 고무신을 잃어버렸고, 〈공납금의 추억〉에서 등록금을 써버렸고, 증권 투자에서 깡통을 찼던 그가 요리 독학에서는 본연의 치열하고 진지한 성품을 아낌없이 드러낸다. 자신이 마련한 요리를 가족들이 먹는 데서 행복을 느끼는 작가의 모습이 반갑기만 하다.

〈지심도에 가고 싶다〉는 그의 본성을 함축적으로 드러낸다.

'가정적 인간'에서 '문학적 인간'으로의 이동을 암시하는 줄거리에 담긴 감수성을 주목할 필요가 있다. 예를 들면 아무 생각 없이 섬을 돌고 "한 시간 산책로를 두 시간 넘게 넋 놓고" 걷는 몽환적 순간들은 수필에 입문한 그의 기질과 관계를 맺는다.

> 작년까지 지심도를 여러 번 다녀왔다. 나는 세월을 흘려보냈지만 지심도는 여전히 그 세월을 잡고 있다. 나를 낳아준 어머니는 돌아가셨지만 나를 다시 태어나게 해 준 지심도는 아직 청춘이다. 아, 지심도가 나를 부른다. 분잡하게 살고 있는 나를 부른다.
>
> — 〈지심도에 가고 싶다〉 일부

그에게 지심도는 "어린 시절의 도화지에 그려보았던 섬"이면서 은퇴 후 피안의 자유를 보증하는 수필과 더불어 그의 안식을 맡는 피난처이기도 하다. 부성에 대한 기억이 별로 없고 어머니가 돌아가셨다. 아내는 자전거광이다. 그에게 마음의 위안을 주는 곳은 지심도만 한 곳이 없다. 바다 가운데의 섬이 심리적 모태이므로 더욱 그런 것이다.

제2장 사물의 여성화 읽기

그의 수필에서 발견되는 특징 중의 하나는 사물 읽기에서 여성적 시선이 두드러진다는 사실이다. 학창 시절에서 성년기로 넘어오는 동안 어머니와 아내가 있음에도 불구하고 여성 이미지에 집중하는 것은 모성결핍이라기보다는 억눌려진 감수성과 독자를 흡인시키려는 스토리텔링을 꾀하기 위해 필요한 수사법이라고 볼 수 있다. 오어사에 갔던 일정을 기록한 〈오어사동종〉에서조차 그는 사찰의 풍경보다는 동종에 더 많은 관심을 기울인다. 동종 묘사에는 여덟 살의 남동생이 죽은 비애를 여성적 연민으로 깔고 있다. 신선대 산책로에서 찾아낸 여름철 장미꽃을 표현한 〈장미 한 송이〉도 여성적 이미지로 그려진다. "빨간 옷을 입은 여자가 엷은 미소를 띠며 나를 유혹하는 듯 보인다."라는 대면과 "새끼손가락을 걸면서 다시 만날 것을 약속하는 여인"처럼 헤어진 작별은 여성 시각에 근접하는 관점이다. 하지만 여성 이미지는 연정의 표현이라기보다는 "외로움을 달래는 방법"으로써 인간의 운명을 위로하는 기법 역할을 한다.

대상과 사물의 여성 이미지가 두드러진 〈주방〉, 〈나의 애첩〉,

〈사랑스러운 그녀〉의 공간과 대상은 여성화된 문장으로 소개된다. 〈주방〉은 부엌에서 가족을 위해 조리하는 작가의 생활을 과시한 작품이다. 주방을 1인칭 주인공으로 인격화하여 각종 요리기구와 조리사로서 양일섶의 역할을 해학적으로 풀어내어 이야기꾼으로서 그의 역량을 보여주고 있다. 요리를 하느라 땀을 뻘뻘 흘리는 작가를 지켜보면 주방이 신전 같은 건축물로 연상하기도 한다.

> 나의 주인이 바뀌었다. 전에는 안주인이었는데, 지금은 바깥양반이다. 며칠 하다가 그만두겠지 생각했는데 3년 넘게 나를 통제하고 있다. 30년 가까이 직장생활을 했으면 좀 쉬지. '삼식이' 소리 좀 들으면 어때. 남자가 쪼잔하게 요리를 한다고. 그래도 재미가 있는 모양이다. 매일 새로운 것을 만든다고 바쁘다. 땀까지 뻘뻘 흘리면서 요리하는 모습을 보면 안쓰러운 마음도 생긴다.
>
> —〈주방〉 일부

주방은 요리 현장이지만 먹지 않으면 살 수 없는 인간의 상황을 지배한다. 그 앞에서는 각종 음식재료, 취사도구, 가스레인지와 냉장고, 수납장과 선반, 가스배관조차 메커니즘의 일부에 불과하다. 부엌이 현대화되어 아트키친이라는 멋있는 이름을 얻었다 할지라도 누구나 그의 하인이 될 수밖에 없다. 그 아이러니컬한 공간에서 요리하는 하루는 〈꽃놀이패〉에서 설명한 을과 다름이 없다. 그럼에도 그는 행복하다. 음식을 먹어주는 가족이 있는 것만으로도 사회의 어느 강자에 못지않게 행복하다. 이처럼 그는 "가족들의 건강은 내가 책임진다."는 각오를 존재의 이유로 내세우는 것이다.

그는 한때 술을 좋아하였다. 어린 나이에 포장집 소주를 마시기 시작해서 지금까지 손에서 떠나보낸 적이 없다. 그것도 오직 소주이다. T. S 엘리엇이 커피잔으로 하루의 시간을 셈하였듯이 소주로써 자신의 인생을 더듬어본다. 〈나의 애첩〉에 등장하는 '애소'는 그가 생각하는 소주에 관한 모든 생각을 담아낸 우화이다. 소주에 대한 연모는 여인에 대한 사랑 이상의 절절함을 품고 있다.

"애소愛燒는 아직 젊고 예쁩니다.", "애소의 집안 가훈은 서민들과 희로애락을 함께 하자는 것입니다.", "사람들은 그녀에게 예쁜 별명을 많이 붙여주고 있습니다.", "애소는 심리상담사 자격증을 갖고 있습니다.", "애소는 항상 녹색 옷을 입고 있습니다.", "애소는 마술사입니다.", "애소는 아내와 달리 잔

소리를 하지 않습니다.”, “나는 애소를 밤에만 만납니다.”, “애소를 가슴에 품고 집에 가는 날이면 아내는 웃어줍니다.”, “애소는 기쁘게 만나서 즐겁게 대화하는 사람을 제일 좋아합니다.”라는 구절들은 어떤 여성도 질투하기 마련인 덕목이다. 그의 소주애는 이중구조로 짜여 있다. 하나는 소주 예찬이며, 다른 하나는 이상적인 여성을 등장시켜 남성들의 환상을 만족시켜주려는 것이다. 죽음의 순간에서야 ‘애소’와 이별하겠다는 유머도 망설이지 않는다. 이런 유머를 스토리텔링에 결합하는 기법은 충분히 문제작으로 간주할 만한 조건이 된다.

사물에 대한 여성화는 〈사랑스러운 그녀〉에서 재현된다. 언어학에서 자동차는 동서양에서 애마로 불리듯이 여성 인칭이다. 작가는 자동차를 구입하고 십여 년간 몰았던 세월을 ‘그녀’라는 인칭으로 회상한다. “하얀 피부와 유연한 곡선의 이마가 단아하다. 햇빛을 반사하며 자신의 존재감을 표출한다. 선물 받은 까만 염주를 목에 걸고 한 남자를 기다리고 있다”고 서술하듯이 자동차와 운전수의 관계는 그녀와 한 남자라는 다분히 불순한 관계로 설정된다. 세상 남자들은 자동차를 아내로 간주하지 않는다.

이 수필의 매 단락은 ‘그녀’라는 3인칭으로 시작한다. “그녀와 처음 만나던 날, 그녀가 사는 집은…. 그녀의 생활비는…. 그녀는 소박하게 살고 싶어 한다. 그녀는 여행을 좋아하는 남자를 만나서…. 그녀의 여섯 번째 생일날, 그녀는 언제든지 마음을 열어준다. 그녀는 나에게 헌신하면서….” 등등은 그녀와의 삶을 다정다감하게 그려낸다. 아내가 없는 남성의 대리욕망을 형상화한다랄까. 아무튼 이 작품은 자동차에 대한 전기이면서 “못난 남자를 기다리고 있는 그녀”에 대한 찬사이다. 그래서 이 작품은 자동차부賦이면서 여성에 대한 환상의 우화이기도 하다.

왜 그는 이러한 작품을 거듭 쓰고 있는가. 〈꽃놀이패〉에서 설명하듯이 을의 신분을 가진 소시민을 위로할 수 있는 글쓰기가 자신이 할 수 있는 조그마한 책무라고 느끼고 있다. 이러한 독자의 격려와 기대가 있는 한 그의 글을 쓰는 희망은 그치지 않을 것이다.

제3장 〈꽃놀이패〉로 말하는 작가의식

〈꽃놀이패〉는 표제작이다. 대부분의 작가들은 자기의 문학적 성향을 보여주는 작품을 표제작으로 선정한다. 양일섶의 수필집을 분석하면 모정과 요리에 관한 글이 다수를 차지하지만 그가 살아온 사회와 삶을 대변하는 작품은 〈꽃놀이패〉이다. '꽃놀이패'는 바둑판에서 사용하는 용어이다. "바둑은 스포츠다."라고 말하는 순간 흑백 간의 두뇌싸움이 펼쳐지면서 승자와 패자로 나누어지는 인생에 일치한다. 바둑의 승패는 패라는 "한 집 싸움"으로 결정되는 경우가 많다. 그중에서 '꽃놀이패'는 유리한 사람이 불리한 사람을 골려주면서 바둑판을 이끌어가는 기술을 말한다.

> 패의 종류 중에 '꽃놀이패'가 있다. 한쪽은 패에서 지더라도 손해 볼 것이 없지만 상대방은 패에서 지면 큰 타격을 입는 패를 말한다. 손해 볼 것이 없는 사람은 마치 꽃놀이를 하는 기분으로 싸울 수 있기 때문에 '꽃놀이패'라는 이름이 붙여졌다. 이렇든 저렇든 간에 손해 볼 것이 없는 경우를 '꽃놀이패를 잡았다'고 말한다. 일상생활에서 꽃놀이패를 잡고 즐기는 사람은 '갑甲'의 지위에 있고, 갑의 즐거움 속에 피해를 보는 사람은 '을乙'의 신분을 가진 서민들이다.
>
> —〈꽃놀이패〉 일부

작가는 자신이 거쳐 온 삶을 통해 을의 입장을 이해하려 한다. 을의 신분을 지닌 서민의 삶을 함께 아파하고 자신의 삶 속에서도 약자의 신분을 포착하려고 하였다. 문학이 약자를 위로하는 변호문이라는 정의를 인용하지 않더라도 사회에는 갑보다 '을' 적인 사람이 더 많다. 작가가 '꽃놀이패'라는 제목으로 책을 낼 때 갑질의 그늘에 가려진 사람들을 위한 위로의 언어를 펼치고 싶어 했음이 분명하다. 그의 말대로 구성원 하나하나가 각자의 위치에서 사회를 떠받치는 역할을 한다면 그 사회는 제대로 발전할 수 있다. 집에서 요리를 하고 승용차를 그녀라고 부르고 밑바닥 일을 기꺼이 감내했던 것도 갑을의 신분 구분이 없는 생태주의적 꽃놀이패를 실현하고 싶었기 때문이다. 그래서 그는 "꽃놀이패의 즐거움을 함께 누릴 수 있는 건강한 사회"를 이루자고 호소한다. 양일섶에게 〈꽃놀이패〉는 그의 작가의식을 담아낸 대표작으로서 적격성을 가진다.

■ 닫으면서

양일섶은 은유와 유머로 삶을 반추하는 작가이다. 삶을 기록하여 사람들을 웃음과 눈물로 감동시키는 수필의 본연이 어디에 있는가를 일깨워준다. 유능한 이야기꾼은 말재주꾼으로서의 입담 외에도 인생의 고통과 상처를 삭혀야 인생의 희비애락을 제대로 표현한다. 양일섶의 스토리텔링을 읽고 듣고 있으면 더더욱 감동의 근본은 소재가 아니라 이야기꾼 자신의 삶에 있음을 확신하게 된다.

요즘 수필은 감동보다는 문장의 인공미에 치중하는 글쓰기가 유행하고 있다. 내화외빈의 헛 맛에 빠진 격이다. 하지만 그는 성형화된 수필을 거부하고 투박하면서도 눅진한 인생의 이야기를 꾸준히 끄집어낸다. 때로는 잔잔하게, 때로는 푸짐한 안주처럼 흉중을 풀어내는 까닭에 그의 글은 갑을이 없는 꽃놀이패와 같다. 그에게 글쓰기는 작가로서는 고통일지 모르나 인간 양일섶에게는 행복한 패놀이라고 말할 수 있다.

- 수필지, 신문 등에 발표한 작품 I -

연번	일 자	제 목	수필지·신문	주체/출판사
1	2015. 07	공납금의 추억	수필나무(제11호)	부경수필문인협회
2	2015. 10	요리하는 중년(등단작)	수필과비평(제168호)	수필과비평사
			수영문예(제19호)	수영구문화예술회
			사학연금(354호)	사립학교연금관리공단
3	2015. 11	지심도에 가고 싶다	수필나무(제12호)	부경수필문인협회
4	2015. 12	미친 놈	수영문예(제19호)	수영구문화예술회
5	2016. 01	나의 애첩愛妾	수필과비평(제171호)	수필과비평사
			수필과비평(제172호)	수필과비평사(문제작)
			선수필(제51호)	나무향
			현대수필, 비평이론과 실제(2017.01.15.)	지은이:박양근 (수필과비평사)
6	2016. 05	하늘 우체국에 부치는 편지	수필과비평(제175호)	수필과비평사
			한국산문(제123호)	한국산문(주목작)
7	2016. 06	쥐와 마우스	문장21(제33호)	도서출판 문장21
8	2016. 07	딸 하나만	좋은수필(제60호)	좋은수필사
9	2016. 07	멋진 행님	부산수필문예(제23호)	부산수필문인협회
10	2016. 08	400원의 아쉬움	오륙도신문(제59호)	오륙도신문
11	2016. 08	사랑스러운 그녀	부산수필과비평(제12호)	부산수필과비평작가회의
12	2016. 08	끈	천번의고백(제22집)	수필과비평작가회의
13	2016. 09	주방	수필과비평(제179호)	수필과비평사
			수필과비평(제180호)	수필과비평사(문제작)
			선수필(제54호)	나무향

- 수필지, 신문 등에 발표한 작품 II -

연번	일 자	제 목	수필지·신문	주체/출판사
14	2016. 10	총무는 괴로워	새수영(제236호)	부산광역시수영구
15	2016. 10	오어사동종	대구일보	2016경북문화체험 전국수필대전 입상
16	2016. 12	타향살이	수필나무(제13호)	부경수필문인협회
17	2016. 12	지울 수 없는 그날	부산수필문예(제25호)	부산수필문인협회
18	2016. 12	군대스리가	수영문예(제20호)	수영구문화예술회
19	2016. 12	쎄시봉 공연	수영문예(제20호)	수영구문화예술회
20	2017. 01	깡통 찬 개미	수필과비평(제183호)	수필과비평사
			한국문학신문(제309호)	도서출판국보
21	2017. 02	1 vs 2	오륙도신문(제71호)	오륙도신문
22	2017. 03	머리카락	수필과비평(제185호)	수필과비평사
23	2017. 03	십문칠	부산수필문예(제26호)	부산수필문인협회
24	2017. 04	점	새수영(제242호)	부산광역시수영구
25	2017. 05	과일집 아들	한국국보문학(제105호)	한국국보문인협회
26	2017. 05	아귀	좋은수필(제70호)	좋은수필사
27	2017. 06	명태대가리전	수필과비평(제188호)	수필과비평사
28	2017. 06	폐선廢線을 걸으며	문장21(제37호)	도서출판 문장21
29	2017. 08	장미 한 송이	수비작가회의(제23집)	수필과비평작가회의
30	2017. 08	통영에서 봄을 먹다	부산수필과비평(제13호)	부산수필과비평작가회의

꽃놀이패

양희용 수필집

인 쇄 2017년 7월 25일
발 행 2017년 8월 5일

지은이 양희용
발행인 서정환

펴낸곳 수필과비평
주 소 전라북도 전주시 완산구 공북 1길 16 (태평동 251-30)
전 화 (063) 274-4000
팩 스 (063) 274-3131
이메일 sina321@daum.net
출판등록 제300-2013-10호

ISBN 979-11-5933-100-8

값 13,000원

이 도서의 국립중앙도서관 출판시도서목록(CIP)은 서지정보유통지원시스템 홈페이지 (http://seoji.nl.go.kr)와 국가자료공동목록시스템(http://www.nl.go.kr/kolisnet)에서 이용하실 수 있습니다. (CIP제어번호: CIP2017020026)

Printed in KOREA

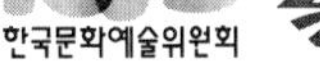

※ 이 책은 2017년 한국문화예술위원회, 부산광역시, 부산문화재단 지역문화예술 특성화지원사업의 지원을 받았습니다.